3
4
5

Jochen Petersdorf ➤ Das Funzelbuch

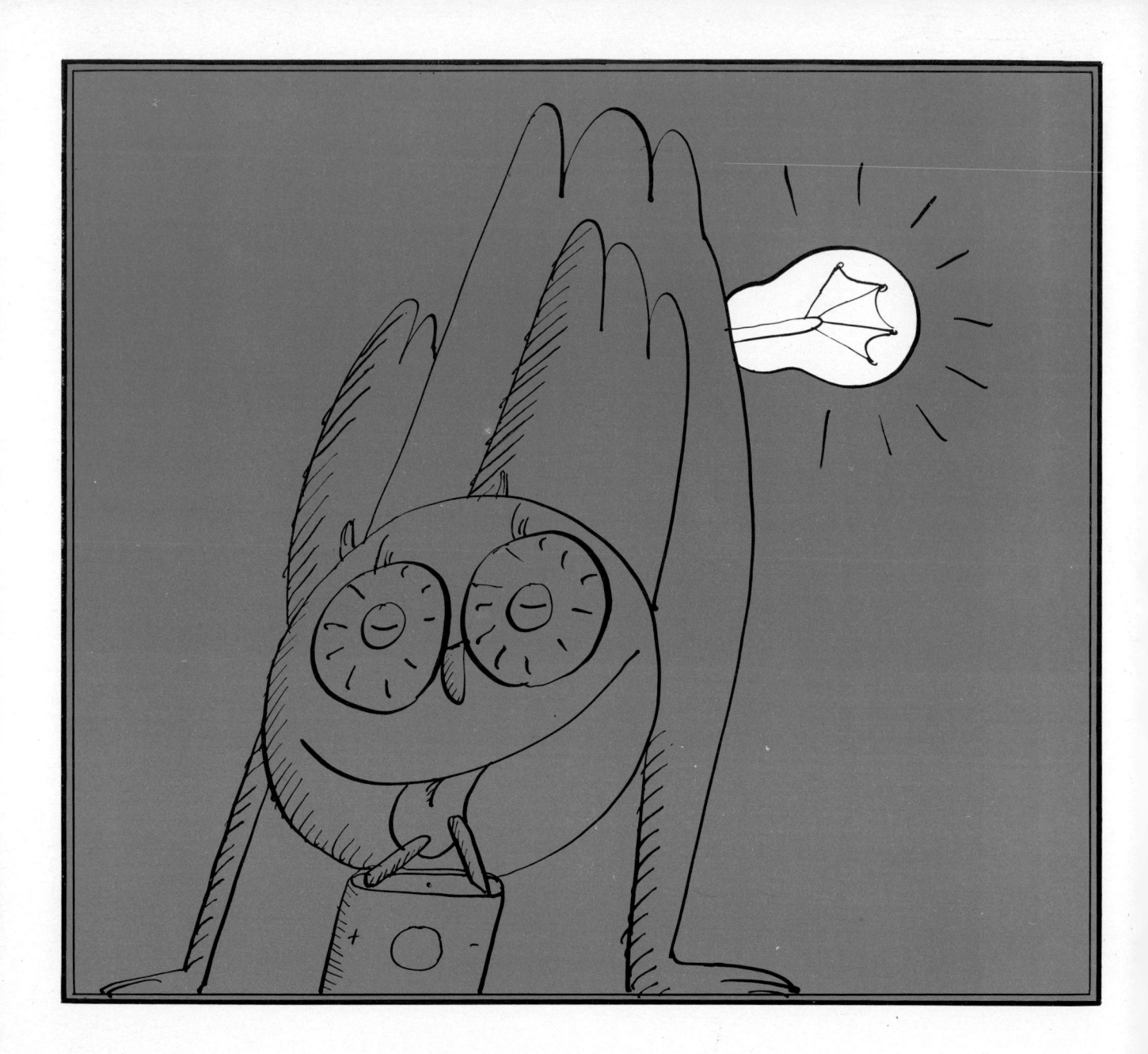

Jochen Petersdorf

Das Funzel-Buch

Materialien zur kulturellen Umrahmung von Feier- und Dämmerstunden

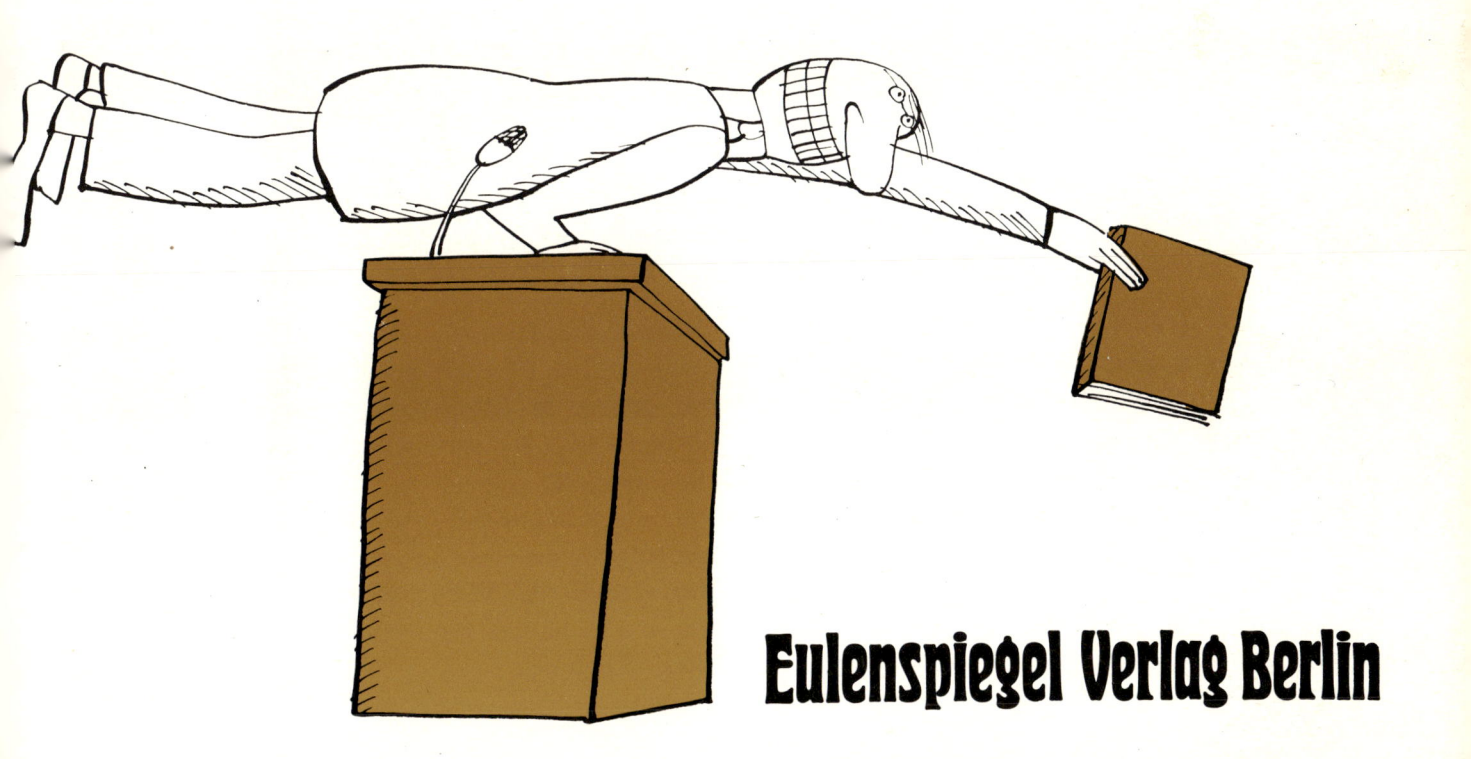

Eulenspiegel Verlag Berlin

Dieses Buch widme ich

Jutta	Hedwig	Marianne
Anna	Hiltrud	Sonja
Ursula	Andrea	Hela
Maria	Jana	Nora
Eva	Walburga	Paula
Renate	Genoveva	Roswitha
Waltraut	Monika	Stine
Erika	Dagmar	Sigrid
Martha	Ramona	Ute
Ruth	Tina	Regina
Herta	Susanne	Dorchen
Brigitte	Hannelore	Annegret
Ingrid	Vera	Selma
Josephine	Tamara	Amanda
Barbara	Rita	Bella
Helene	Esther	Cecilie
Silvia	Sabine	Luise
Christa	Käte	Minna
Cordula	Hilda	Leila
Emma	Gabi	Petra
Claudia	Reni	Ulrike
Elli	Tutti	Gwendolina
Katharina	Angelika	sowie den
Marliese	Gisela	lustigen Weibern von
Tanja	Beate	Windsor und anderen
Christina	Corinna	gesellschaftlichen
Veronika	Frieda	Höhepunkten
Gundula	Irmgard	
Hermine	Kitty	*Der Verfasser*

Motto:

Es kommt auf die Beleuchtung an!

(Volksmund oder Brecht nach Lampen-Krause, senior)

Anmerkung zum Motto –
falls sich dem einen oder anderen Leser der tiefe Ideengehalt nicht auf Anhieb erschließt:

Wie wollen wir unser Motto verstanden wissen?

Schaun Sie sich mal eine Bar-Dame bei Tageslicht an.
Stellen Sie sich einen Weihnachtsbaum ohne Kerzen vor.
Schrauben Sie mal nur rote Glühbirnen in den Palast der Republik.
Nehmen Sie mal einem General die Sterne weg.

Sie werden in jedem Fall überrascht sein und feststellen: Bei der Beleuchtung ist die moralische Wirkung eine ungeheure.
So ungefähr wollen wir unser Motto verstanden sehen.
Mit diesem Grundlagenwissen ausgerüstet, können Sie nunmehr das Studium der nächsten Seiten in Angriff nehmen.
Frisch auf!

Inhaltsangabe

Dieses Buch enthält Lyrik und Prosa und noch viele schöne andere Kunst.
Manche Beiträge sind länger als manche kürzeren. Das hat lediglich gestalterische Gründe und nur gelegentlich einen Zusammenhang mit dem Ideengehalt.
Man wird feststellen, daß in manchem kurzen Beitrag auch nicht mehr drinsteht als in manchem langen.
Der Vorteil ist nur: Man merkt es schneller.
Die Materialien sind geordnet.
Das heißt: Es steckt kein besonderes System darin.
Das Buch ist trocken und sauber aufzubewahren, in Ehren zu halten und bei Zollkontrollen unaufgefordert vorzulesen.

Achtung, Leser!

Das Funzel-Buch muß nicht unbedingt bei Petroleumlampenschein studiert werden. Obwohl dies besonders stilecht wäre.
Aber solche Möglichkeit ist ja nicht immer gegeben.
Versammlungen und Kongresse finden nun mal in den seltensten Fällen bei Petroleumlicht statt.
Aber gerade bei solchen Anlässen kann ein Blick in die Funzel-Materialien eine sinnvolle Ergänzung und Vertiefung des Referates sein.
Deshalb soll man sich bescheiden und unser Buch im Licht der jeweiligen Veranstaltung lesen. Lese-Pausen sind mit lebhaftem Beifall auszufüllen.
Das freut den Referenten.

Allerletzte Vorbemerkung

Leser, die aus Zeit- oder Geldmangel, aus Glaubens- oder Gewissensgründen oder aus angeborener oder anerzogener Faulheit nicht beabsichtigen, die gesamten Materialien dieses Buches von der ersten bis zur letzten Seite zu studieren –
die sich vielleicht nur die Rosinen herauspolken möchten beziehungsweise erst mal sehen wollen, ob überhaupt welche drinstecken –
die also zur ganzen Sache kein besonderes Verhältnis haben, vom Verfasser aber aus erzieherischen Gründen nicht vernachlässigt oder gar zurückgelassen werden können –
diese Damen und Herren erhalten hiermit zum Zwecke schnellerer und besserer Übersicht eine von allen an der Herausgabe dieses Buches Beteiligten in freiwilliger Feierabendarbeit angefertigte Kapitelübersicht.
Bitte sehr:

Kapitelübersicht

Erstes Kapitel
Natur und Gesellschaft
Zweites Kapitel
Handel und Wandel
Drittes Kapitel
Haus und Hof

Erstes Kapitel   Natur und Gesellschaft

„Für mich ist die Arbeit das A und das Ohhh!" *Alfons Brünschmeier* (Ab- und Zuarbeiter)

Gewußt wo

Es schleicht durch
die nächtlichen Büsche
so einsam ein Mann daher.
Er wittert
nach allen Seiten,
doch plötzlich,
da kann er nicht mehr.

Er läßt das Brünnlein
fließen,
es plätschert hell und klar
und trifft genau
die Stelle,
wo einst ein Lokus war.

Für unsere Hobby-Köche:
„Man schneide 150 Gramm Speck
in kleine Würfel, gebe etwas..."

Altes Märchen – neu erzählt

Rapunzel

Einsames Mädchen läßt Haar runter und Jüngling rauf.
Moral: Heutzutage könnte der Jüngling sein Haar hinaufwerfen und daran hochklettern. Ein schönes Beispiel für die Gleichberechtigung.

ORDNUNGS Strafe

„Haste schon gehört, Karl, der Bruno Lehmann ist wieder aufgetaucht. Halb verhungert und völlig entkräftet."
„Na, wo hat er denn die ganze Woche gesteckt?"
„Im Materiallager."
„Warum denn so lange?"
„Er hat den Ausgang nicht gefunden. Irgendein Trottel hatte aufgeräumt."

„So gut und billig hätten wir im Hotel nicht gefrühstückt, Kollege Meier!"

OSSI
im Karauschenteich

„Ich hab Ossi gesehen", sagte Hümpels Anton.
„Und ich darf an Angetrunkene nichts mehr ausschenken", sagte Hannes, der Wirt vom „Löwen".
Der Stammtisch kicherte. Kein Wunder. Denn Bartels Oswald, genannt Ossi, war ja nun nachweislich vier Monate tot. Hatte übrigens eines der eindrucksvollsten Begräbnisse, die man in Kaltenbach in der Rhön kennt. Es ging bis zum übernächsten Morgen. Aber alle Beteiligten haben überlebt. Hätte sicherlich auch Ossi, der alte Steher. Doch der war ja leider schon vor der Feier tot. Das war ja auch der Grund.
Hümpels Anton war übrigens damals einer der Traurigsten. Und einer der Lustigsten – wenn man Anfang und Ende der Leiche mal zusammenrafft.
Aber auf alle Fälle hatte er ja wohl mitgekriegt, daß Ossi ausgestiegen war, und deshalb konnte er ihn weiß Gott heute nicht gesehen haben.
„Ich meine doch Ossi, den Ostseewal", rief Anton. „Lest ihr denn keine Zeitung?"
Welche Frage. In dieser Gegend ist der Fernsehempfang nicht gerade der günstigste. Also liest man auch Zeitung.
Und man kauft ihr auch einiges ab. Aber bei Anton, dem alten Schlawiner, ist man mitunter skeptisch.
„Ossi schwimmt im Karauschenteich", sagte Anton und trank einen halben Liter Rhönbier, ohne zu gluckern.
Der Bürgermeister erhob sich vom Stammtisch.
Zum Verständnis für den Leser: In dieser Gegend gehen Bürgermeister gelegentlich unter die Leute, also auch an Stammtische.
Also: Der Bürgermeister erhob sich und sagte: „Anton, überleg dir, was du sprichst. Der Karauschenteich ist Feuerlöschgewässer. Da sind alle Fremdkörper ein Hindernis und meldepflichtig. Ich möchte nicht, daß du hier eine Falschmeldung abgibst!"
„Kommt mit", antwortete Anton, „Ossi schwimmt im Karauschenteich!"
Zum Verständnis für den Leser: In dieser Gegend erhebt man sich nicht so schnell, wenn man beim Bier sitzt. Schon gar nicht wegen einer Meldung, die einen Walfisch im Gebirge zum Inhalt hat.
Aber Anton, der alte Schlawiner, hatte schon mal den Sturz eines Vorsitzenden des Rates des Kreises vorausgesagt, und seit der Zeit hat er bei den Leuten trotz Skepsis einen Stein im Brett. Um so mehr noch, als der Ratsvorsitzende dann später im Bezirk ganz groß rauskam. Denn die Leute sagten mit Recht: Dafür kann ja Anton nicht.
Also ging alles, was im „Löwen" Beine hatte und noch drauf stehen konnte, zum Karauschenteich.
Dort war Ossi.

Er lag dick und rund und gut dreizehn Meter lang mitten im Wasser und pustete eine kleine Fontäne in den Nachthimmel.

„Na?" sagte Hümpels Anton und stieß den Bürgermeister an.

„Das ist ein dicker Hund", antwortete der.

„Nee, nee", sagte Anton, „das ist Ossi."

„Ja doch", sagte der Bürgermeister schnaufend, „bloß, wie kommt der hierher? Von der Küste ins Gebirge."

„Über die neue Autobahn ist es ja jetzt von Rostock bis Berlin ein Katzensprung", meinte Reinhold, der Schmied.

„Und den Rest hat ihn dann vielleicht dieser und jener mitgenommen. Zum Beispiel das Fischauto."

Der Witz wurde allgemein belacht, denn jeder wußte, wie lange das Fischauto in dieser Gegend schon nicht mehr zu sehen war. Das Gelächter wirkte entkrampfend. Es kam Stimmung auf.

„Ossi, Ossi, Ossi", riefen alle durcheinander, und viele suchten in ihren Taschen nach irgend etwas, das einen Walfischmagen höher schlagen läßt. Irmchen Kröbbel fand nur Konsummarken. Sie warf sie trotzdem ins Wasser. Ein Zeichen gestörten Verhältnisses zu Tier und Konsum.

Der Wal schluckte alles und prustete Wasser in die Luft und auf das nahe gelegene Krautfeld der LPG.

„Kollegen, Freunde", rief der Bürgermeister, „wir sehen uns vor eine Tatsache gestellt, der wir heute nacht wahrscheinlich nicht mehr ganz klar ins Auge schauen können. Am besten, wir schlafen erst mal drüber. Morgen sehen wir weiter."

Zum Verständnis für den Leser: In dieser Gegend neigen Bürgermeister gelegentlich dazu, erst mal was zu überschlafen, bevor sie was beschließen.
Das ist die unbekümmerte, autonome Gebirgstour. Kurz und gut. Trotz dieses sensationellen Ereignisses ging alles seiner Heimat zu, und leise schlich die Nacht.
Am anderen Morgen ging der Trubel los.
Fernschreiben des Bürgermeisters nach Berlin:
„Ostseewal Ossi im Kaltenbacher Karauschenteich aufgetaucht!"
Rückantwort aus Berlin:
„Bravo, bravo! Begrüßen Initiative Eurer Fischer zur Vorbereitung der 750-Jahr-Feier. Empfehlen aber, jetzt kürzer zu treten, um Höhepunkte für den Höhepunkt offenzulassen."
„Leicht gesagt", knurrte der Bürgermeister, denn der Bildreporter der Anglerzeitung saß bereits am Karauschenteich und schoß Ossi in allen Lagen.
Kein Wunder, daß die Tageszeitungen des gesamten Bezirkes bald hinterherkamen – und kein Wunder, daß auch Funk und Fernsehen von der Sache Wind kriegten.
Kaltenbach wurde Walfahrtsort.
Die bekannte Reporterin Kerstin Rhön interviewte im Rahmen der Sendereihe „Vom Tierpark berauscht" den bekannten Professor auf dem Buckel des Bartenwals Ossi und stellte die knallharte Frage, wie der Fisch wohl hierhergelangt sei.
Das Interview gab erschöpfend Auskunft darüber, wie der Professor hierhergelangt war, und schloß mit der Knobelfrage an die Hörer, wie der Fisch wohl hierhergelangt sei. Schätzen Sie mal.

Ossi wurde zum Fernsehliebling.
Er war Mitwirkender in der Sendung „Unterhofer Markt der Werktätigen der Nahrungsgüterwirtschaft", lieferte Stoff und Kulisse für den Schwank „Der Kommunalwalhelfer" und begeisterte die Schlagerfans als Maskottchen des Fröhlichmachers Kross Walasch.
Die Bildschirmkünstler erhielten in Kaltenbach zumutbare Übernachtungsmöglichkeit in Gestalt eines Interhotels, auf die Straßen der Gemeinde kam Schotter und in die Taschen der Handwerker Kies.
Die Jugend des Landes veranstaltete Sternwanderungen zum Karauschenteich und erhielt für diese Zwecke einen großen Camping-Platz, und ein hauptstädtischer Literat beantragte Wohnsitzwechsel und erklärte Kaltenbach zu seiner Walheimat.
So wurde die kleine Rhön-Gemeinde bekannt und berühmt, wuchs und gedieh – und im bunten Leben und Treiben, in der Turbulenz der Tage und Nächte ging eines völlig unter, wurde nicht bemerkt.
Ossi war weg.
Still und unauffällig, wie er gekommen war, verschwand er.
Und bis heute weiß niemand, wie er es angestellt hat.
Natürlich spekuliert man.
Man sagt: Es muß wahrscheinlich Kanäle geben, in denen gelegentlich dieses und jenes verschwindet.
Und gelegentlich sind es eben nicht nur *kleine* Fische.
Aber wie gesagt, das sind nur Spekulationen. Vor allem von Neidern.
Wer den Nutzen hat, der grübelt nicht so viel.

Der Entstörer

Darf ick mal kurz stören? Ick bin nämlich der Entstörer. Wennse keen Telefon haben, wissense vielleicht gar nich, wat det is. Und wenn Sie eens ham, wissenses vielleicht ooch nich – weil Sie denken, ick bin ausjestorben.

Irrtum! Der Eindruck entsteht bloß, weils mehr Störungen gibt als Entstörer.

Det is aber eijentlich een jesundet Verhältnis. Umjekehrt wärs unrentabel. Wir könn ja nich für eene Sache mehr Leute einsetzen, als jebraucht werden. Oder kennen Sie da Beispiele?

Apropos – Verwaltungsapparat!

Ick hab jrade in einer Dienststelle entstört.

Die haben dort wochenlang telefonisch Weisungen an ihre untergeordneten Dienststellen durchgegeben, bis se jemerkt habn, daß se eigentlich mit ne ganz andre VVB verbunden warn. Die VVB hat det jar nich bemerkt. Die ham sich bloß jewundert, wat für kluge Weisungen in letzter Zeit ankamen. Na, nu hab ick entstört, und jetzt jehts wieder seinen normalen Gang. Auch die Privatgespräche landen wieder beim richtigen Teilnehmer. Da war ja 'n dollet Ding passiert. Da hat eener mit seiner Frau telefoniert – dachte er –, dabei war et aber seine Jelegentliche. Teilzeitgefährtin sagt man wohl heute. Und da war doch das Verhältnis beinahe in die Brüche gegangen. Das Mädel hat den groben Ton nicht vertragen. Na, nu hab ick entstört, und nu wird wieder die Richtige anjehustet. Jetzt bin ick übrigens jrade auf dem Wege zu dem bekannten Preisträger Meier-Motzen.

Sein Telefon ist seit drei Wochen völlig tot, schreibt er. Und det war ne unerhörte Zumutung, schreibt er, denn ohne Verbindung mit'n Leben kann er keene Kunst machen.

Eenen Moment wird er sich aber noch jedulden müssen. Ick bin nämlich heute zu Fuß. Mein Auto muß erst wieder auseinandergefaltet werden. Ich hatte schon beinahe sowat geahnt. Ick denke noch so bei mir – Hanne, denke ick, paß uff, in den Wartburg da sitzt eena mit Hut und Zijarre ans Lenkrad. Und wenn eener mit Hut und Zijarre am Lenkrad sitzt, da mußte damit rechnen, der blinkt nach links und fährt ooch wirklich nach links.

Nu wird er erst mal ne Weile mit der Straßenbahn fahren – und da hat er immer Vorfahrt. Ooch mit Hut, bloß ohne Zigarre. Ick hab natürlich mein' Betrieb schon verständigt. Det is ja det Schöne an meiner Funktion. Ich kann von unterwegs nach'n Betrieb anrufen, denn *ick* kann mir ja vorher die Telefonzelle in Ordnung bringen.

Aber es is ja ooch nich so einfach, eenen zu ertappen. Denn die so aussehn, sinds oft jar nich. Und wenns welche sind, die so aussehn, dann ham se manchmal Eltern, die nich so aussehn, als ob se einsehn, wat se ihrem Ansehn ooch außerdienstlich schuldig sind.

Mancher ist eben so mit der Gesellschaft verbunden, daß er in der eigenen Familie Kontakt-Schwierigkeiten hat.

Apropos, Familie. Neulich hab ick bei einem entstört, der erwartete Familienzuwachs. Mein Gott, war der aufgeregt. Der wollte pausenlos die Entbindungsstation anrufen.

„Et is woll det erste?" frage ich.

„Ham Sie ne Ahnung", sagt er. „Det achte."

„Donnerwetter", sag ich. „Nu hab ick ooch mal eenen von denen kennengelernt, die sogar die Geburtenplanung der staatlichen Plankommission überbieten."

Sagt er: „Sehnse, in speziellen Fällen is es eben nich verkehrt, wenn die Produktionsmittel in Privathand sind."

Det hab ick meine Frau erzählt. Ham wa beide sehr jelacht und hatten so ooch 'n schönen Abend.

Apropos schön – det is eben det Schöne bei die Entstörer. Man kommt viel rum und lernt die unterschiedlichsten Typen kennen.

Wieso komme ich dann jetzt auf meinen Nachbar?

Ach so, wegen komischer Typ. Mein Nachbar hat sich nämlich einen Fernseher mit zwei verschiedenen Farben gekauft.

Ostmän Color und Westseit-Koller. Er sagt: Det braucht er. Er will sich über det politische Gestänkre von drüben nicht nur schwarz, sondern ooch grün und blau ärgern.

Ick persönlich lerne daraus, daß det entwickelte sozialistische System mitunter zwee Farbsysteme hat.

Da wird mancher abends im Sessel in Konflikte kommen und nich wissen, welche Farbe er bekennen soll.

Aber det nur nebenbei. Ick selber gucke ja verhältnismäßig selten in die Röhre. Ick gehöre zu der Generation, die noch lesen gelernt hat.

Und ick sag mir immer, Zeitungen werden doch nicht nur zum Einwickeln rausjegeben.

Und ick steh nun mal uff Kreuzworträtsel und Kommuniqués. Und ick kriege ooch immer beedet raus. Wobei ick zujebe, daß 'n Kreuzworträtsel manchmal mehr bildet und 'n Kommuniqué aber manchmal det beßre Rätsel is. Nu muß ick aber weiter. Adschö! Und wenn Ihr Telefon mal gestört is, ick komme sofort. Anruf genügt.

Und an dieser Stelle zeigen wir Ihnen den Kollegen von der Deutschen Post, det seit vielen Jahren nun schon mit seiner hellen sympathischen Stimme das Besetztzeichen spricht.

tüt-tüt-tüt-tüt-tüt-tüt-tüt-tüt-tüt-tüt-tüt-tüt-tüt-tüt-tüt-tüt...

Nachrichten

Gestern trafen sich an einem sicheren Ort führende Kfz-Schlosser, Installateure und Baufachmänner.
Bei diesem Treffen wurden verschiedene, den Kunden nicht zu interessieren habende Probleme im Geiste gegenseitigen Einverständnisses erörtert. Die Diskussion verlief harmonisch und ohne größere Preisdifferenzen. Die Abschlußresolution sowie Schmiergelder wurden einstimmig angenommen.

· · · · · · · · · · · ·

Von einem Wintergewitter überrascht wurde kürzlich der 42jährige Genossenschaftsbauer Benno Wundertüter. Zum Glück schlug der Blitz nicht in ihn ein, sondern in die auf dem Feld stehende, leicht vergammelte dreijährige Dreschmaschine. Ein schönes Beispiel für die mitunter segensreiche Auswirkung einer gesunden Unordnung in der Genossenschaft.

Altes Märchen – neu erzählt

Vom Fischer und siner Fru

Nichtarbeitende Gattin mit Hang zum Höheren sitzt am Ende doch wieder in ihrem Pißpott.

Moral: Und wenn der Gatte noch so gute Beziehungen hat – im *Märchen* kommst du damit nicht weiter.

Limerick

Es war mal
ein staatlicher Leiter,
der hielt sich
für zehnmal gescheiter
als die Plankommission.
Aber wußten Sie schon?
Es half ihm politisch
nicht weiter.
Es half ihm politisch
nicht weiter.

Bremse mit Bremse

„Wat machst'n, wenn du 'n Aal fängst?"
„Ick bleibe Arbeiter."

HAMLET

Gedanken zur Zeit

Schein oder nicht Schein? Das ist hier die Frage.
Ist's edler im Gemüt, erhaben zu verzichten
bei Geistern, die uns dienstbar sind und oft auch
   rar zugleich,
mit schnödem Mammon Gunst sich zu erschleichen,
auf daß man schneller, besser oder überhaupt
bedient wird oder Hülf erfährt?

Ist's Narrheit nicht und Frevel an den Seinen,
dem Wagenschmied, der Speichen uns erneuert
   kunstgerecht,
die Hand zum Gruße so verkrampft zu reichen,
daß er den Goldring, der uns funkelnd schmückt,
nicht abziehn kann, weil er nicht rutscht?

Ja! Narrheit ist's. Und Außenseiterdenken,
das einen Mann, der aufgeklärt ist und im Leben
   steht,
dem Spott der Umwelt aussetzt sondergleichen.
Drum rutscht der Ring, auf daß der Wagen fährt!
Und auch die Frage, ob was faul ist, ist geklärt.

← Das kommt davon, wenn man sich so einfach bestechen läßt!!!

HAUBENLERCHE

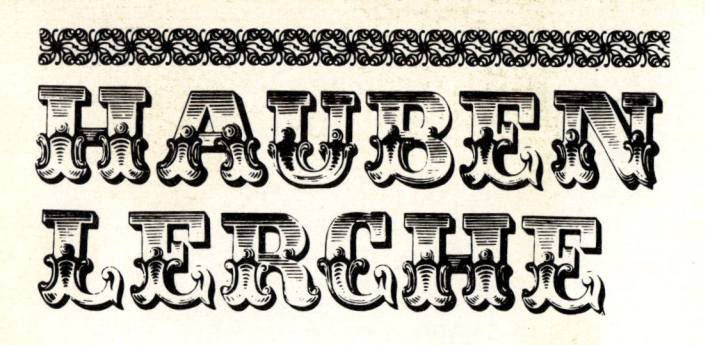

„Fräulein Reni? Ich finde, die Haube bekommt heute gar keine richtige Hitze! Ob das am Strom liegt? Wahrscheinlich spielen wieder irgendwo ein paar Beat-Gruppen. Die zapfen die ganze Spannung für ihre Verstärkeranlagen ab.

Wie bitte? Nein, danke. Keine Zeitung. Erstens habe ich meine Brille im Wagen gelassen, und zweitens liest bei uns sowieso nur mein Mann. Muß er ja in seiner Position. Er hat sogar Horizont – abonniert. Ich werfe nur mal gelegentlich einen Blick in FF-DABEI. Denn wenn man sich auch noch die Adlershofer Programmvorschau vom Bildschirm abschreiben sollte, brauchte man ja bald einen Privatsekretär.

Und den finden Sie mal heutzutage. Man kann ja zu diesem Zweck noch nicht mal ein Inserat aufgeben, ohne als sozialistischer Snob verschrien zu werden.

Wie bitte? Maniküre? Aber selbstverständlich! Es ist bitter nötig! Wir waren neulich zu ner Party, bei so nem verrückten Werbe-Grafiker. Der ist vom Nostalgie-Tick so zerfressen, daß er uns sogar Pellkartoffeln mit Quark vorsetzte.

Pellkartoffeln! Ich habe mir fast alle Fingernägel abgebrochen. Aber lustig wars! Mein Gatte hat geschwoft wie ein junger Gott. Und das als Atheist. Wie bitte? – O ja! Stellen Sie ruhig Ihr Kofferradio an. Hoffentlich verlangen Sie dafür nicht gleich Musikzuschlag. Da dam da dam, da dam, da da – e wiewa espanja... Wunderbar. Und das Komische ist, man weiß nicht, ist es Radio DDR oder der Gegner.

Musik kennt keine Grenzen! Mein Gatte ist natürlich anderer Meinung. Muß er ja – in seiner Position. Aber ganz sauber ist er auch nicht. Er läßt sich mit dem Dienstwagen nach Hause fahren, und wenn er die Wohnung betritt, singt er: Ja, mir san mitn Radl da! Dabei hat er noch nie auf einem Rad gesessen. Kann er ja auch nicht – in seiner Position. Wie bitte? Ein Täßchen Kaffee? Aber gern! Nehmen Sie auch einen? Ich spendiere. Mein Gatte hats ja gern französisch. Kennen Sie nicht? Ganz einfach. Er kippt sich in jede Tasse noch einen Kognak.

Das möbelt ungeheuer auf, sagt er. Besonders auf Dienstreisen. Jaja – er ist ständig unterwegs. Was sagen Sie? Ach so. Natürlich mache ich mir da manchmal so meine Gedanken. Aber ich sage mir: Soll er ruhig mal. Muß er ja auch in seiner Position.

Es ist besser, als wenn die Kollegen sich über ihn lustig machen. Apropos lustig.

Neulich ist mir was Lustiges passiert. Ich fahre mit meinem Dacia hinaus zu unserer Datsche, da stoppt mich doch eine Weiße Maus und behauptet, ich wäre mit überhöhter Geschwindigkeit gefahren, und ob ich nicht wüßte, wie die Verkehrsunfälle von Tag zu Tag steigen.

Ich sage, das weiß ich, Herr Genosse, aber wissen *Sie* eigentlich, wer mein Mann ist?

Da antwortet der: Das weiß ich nicht, aber leid tut er mir trotzdem.

Hihihi! Wie finden Sie das, Reni?

Aber ich bitte Sie! Warum soll ich beleidigt sein? Diese Schlagfertigkeit ist doch einfach köstlich. Das ist Volkshumor in Uniform.

Mein Gatte ist da ganz anders. Der kann sich stundenlang einen Fernsehschwank ankucken und verzieht dabei keine Miene. Na ja, muß er ja in seiner Position.

Verstehen Sie mich nicht falsch. Mir ist auch nicht immer zum Jubeln... Es passiert ja auch zuviel Schlimmes in der Welt. Ich hatte neulich bei mir wieder ein paar Damen zum Tee, und da haben wir uns auch sehr ernst unterhalten. Da poltert doch eine Herde Kinder ins Haus. Sie wollten leere Flaschen und Altstoffe, um Geld zu machen für ne Solidaritätsspende. Ich sage: Kinder, ihr stört jetzt. Wir unterhalten uns nämlich gerade über Chile. Da sind die gegangen, ohne zu grüßen. Ich frage mich, was lernen diese Gören eigentlich heutzutage in der Schule? Die Gartentür haben sie auch nicht zugemacht. Und was ist passiert? Unser süßer kleiner Pudel ist verschwunden. Ich habe geheult wie ein Schloßhund.

Da kam die Briefträgerin. Ich sagte: Sie kommen doch viel herum. Können Sie mir nicht helfen?

Was ist denn passiert, fragt sie.

Unser Hund ist davongelaufen.

Da lächelt die höflich und sagt: Muß er ja – in seiner Position!"

PERSPEKTIVE

Ich wohn in einem Neubaublock,
ju – hu – hu!
Und zwar im allerhöchsten Stock,
ixe – axe – u!

Von oben kann ich runtersehn,
ju – hu – hu!
Ich seh Herrn Schmidt zum Auto gehn,
ixe – axe – u!

Er fährt zum Bäcker, der so jut
ju – hu – hu!
die frischen Brote backen tut,
ixe – axe – u!

Herr Schmidt, der schimpft ganz fürchterlich,
ju – hu – hu!
Er findet keinen Parkplatz nich,
ixe – axe – u!

Da parkt er, wo's verboten ist,
ju – hu – hu!
Dort wartet schon ein Polizist,
ixe – axe – u!

Ne Mark und fünf zahlt Schmidt fürs Brot,
ju – hu – hu!
Fünf Mark fürs Parken trotz Verbot,
ixe – axe – u!

Beim nächsten Mal genausoviel,
ju – hu – hu!
Denn unsre Preise sind stabil!
Ixe – Axe – U!

Altes Märchen – neu erzählt
Der Hase und der Igel

Kurzbeiniger Pfiffikus gewinnt sozialistischen Wettbewerb durch Vorspiegelung falscher Tatsachen.

Moral: Je mehr du deine Alte für dich laufen läßt, um so schneller kommst du vorwärts.

Zwölf Uhr mittags

„Liebe Kollegen und Kollegen! Ich bitte, doch langsam Platz zu nehmen, damit wir anfangen können und unsere Versammlung bis zum Feierabend beenden. – Auf der Tagesordnung steht, wie ihr wißt, nur der einzige ernste Punkt: Ausnutzung der Arbeitszeit. Wo is'n eigentlich Paule mit seiner Brigade?"

„Die arbeit'n noch."

„Da könnt ihr wieder mal sehen, Kollegen, wie weit bei manchen Kollegen das Desinteresse an den Betriebsproblemen geht."

„Morgen laß ick mir gesund schreiben, sonst hol ick mir bei dem kühlen Wetter was weg."

Limerick

Es war mal ein alter Gelehrter,
der lehrte täglich verkehrter.
Sein Assistent bügelts aus,
und was kommt dabei raus?
Der Gelehrte
wird ständig geehrter.
Der Gelehrte
wird ständig geehrter.

Ein Geleerter

UMGANG

Finden Sie nicht auch, daß es recht unschön klingt, wenn ein Autofahrer zum anderen Autofahrer „Sie Idiot!" sagt? Das steife „Sie" paßt doch einfach nicht mehr in unsere sozialistische Gesellschaft.

Informationsfluß

„Du? Hannes?"
„Ja, Emmes?"
„Is dir det ooch schon uffgefalln?"
„Watn?"
„Daß die kleene Lisa von der Matrijal-Ausgabe een Verhältnis mitn dicken Schorsch hat?"
„Mensch, Emmes! Du kommst wieder genau ausm Mustopp! Die kriegt doch sogar 'n Kind von Schorschen!"
„Ach nee! Na, det is ja een Ei! Und ick dachte immer, die kriegt jar keene Kinder!"
„Wer sachtn det?"
„Kutte Wumbach, aus der Stanzerei."
„Ach Kutte. Der will doch bloß offn Senkel haun. Der is ja bei Lisa jar nich ranjekommen. Und da hat er sich vor lauter Gnatz off Röschen jeschmissen. War übrigens jar keen schlechter Fang."
„Röschen Kunkel aus der Küche? Na, Mensch, det könnte ja glatt seine Mutter sein."
„Im Prinzip ja. Aber da hängt Jeld dranne, mein Lieber."
„An Röschen?"
„Aber jenau. Die verdient nicht schlecht, is sparsam, und außerdem hat se 'n hübschen Batzen von ihrem ersten Mann."
„Ach, ich wußte jar nich, daß sie geschieden is."
„Wer sachtn wat von jeschieden. Ihr Ehemaliger is doot. Der war Tigerdompteur beim Zirkus Busch."
„Ach deshalb."
„Nee, nich wat du denkst. Er hat sich beim Sockenstopfen in'n großen Zeh jestochen, und die Nadel muß wohl rostich jewesen sein..."
„Jaja, Dinge jibts, die jibts jar nich. Is ja ooch

tragisch für Röschen. Da kannste ma wieder sehn, wat so für Schicksale in unsern Betrieb verborgen sind."

„Du sagst et, Emmes."

„Nimm ma ßum Beispiel den langen Schlurf. Der Junge kann ein wirklich leid tun."

„Schlurf, von der Gütekontrolle? Hatter wieder wat übersehn?"

„Ja, die Frau vom Direktor."

„Versteh ick nich."

„Ick ooch nich. Soone Maschine kann man doch jar nich übersehn!"

„Ick meine, ick versteh nich, wie du det meinst."

„Ach so! Ganz einfach. Schlurf war in der Kaufhalle einkaufen, und da hat sich an der Kasse plötzlich so 'ne Dicke vorgedrängelt, und da hat Schlurf ihr vor Wut die Perücke vom Kopf gerissen und mit Ohrfeigen jedroht."

„Das glaube ich auf keinen Fall. Schlurf ist doch die Ruhe selber. Der is ja so ruhig, daß er bei der Arbeit laufend einschläft."

„Du kannst es glauben. Ick weiß et von Benno. Dem seine Frau sitzt in der Kaufhalle an der Kasse."

„Aber die kennt doch den Schlurf jar nich!"

„Klar kennt die den. Vom letzten Betriebsfest. Da war sie doch bei. Vielleicht erinnerst du dir. So ne Rotblonde mit 'n janz wüsten Rückenausschnitt. Ingenieur Kunze war ja nicht zu bremsen. Er soll mit ihr sogar 'ne halbe Stunde draußen gewesen sein."

„Kunze? Der war ja vorm Betriebsfest schon ausm Betrieb ausjeschieden. Warum is'n der eigentlich weg? Macht der noch 'n Zusatzstudium?"

„Man sagt so. Offezjell. Aber der Grund is wohl Meister Schmidtke. Der hat ihn weggebissen."

„Schmidtke is ja überhaupt son Querkopp. Der soll ja vor Jahren, als wir beede noch nich hier waren, mal versucht haben, seine janze Brigade mit Pilzen zu vergiften. Und bloß weil einer gesagt hat, er benimmt sich leitungsmäßig wie die Axt im Walde."

„Apropos Brigade. Sag mal, Hannes, stimmt et eigentlich, daß unsre Brigade aufgeteilt wird, wenn die neue Taktstraße fertig is, und daß einige von uns sogar nach Werk II rüber sollen? Wen betrifftn det? Ick meine, det sind ja wichtige Dinger. Möchte man ja jerne wissen."

„Wat heeßt, wen betrifftn det? Ich möcht mal so fragen: Von wem hastn det?"

„Von Emil. Er war bei der Leitungssitzung bei. Und du auch, sagt er."

„Dem mach ich 'n Einlauf!"

„Warum?"

„Wejen Geschwätzigkeit! Die verfluchte Tratscherei im Betrieb! Det vergiftet bloß die Atmosphäre!"

„Die Elbe ist etwas gelbe" ← Flußinformation

MAN WIRD
doch mal fragen dürfen

„Ich hab da mal eine Frage", sagte Krausenickel zum BGeller, „und zwar handelt es sich um folgendes: Ich sehe ja ein, der erste Mai war vielleicht nicht der richtige Anlaß, da gehts ja um größere Werte. Aber im nächsten Monat werde ich fünfzig, und da würde es schön passen."
„Ja, worum gehts denn, Kollege?" fragte der Gewerkschaftsmann.
„Ich wollte nur mal anregen", sagte Krausenickel, „daß mir der Betrieb in diesem Zusammenhang vielleicht eine Treueprämie zahlen könnte."
„Das kann doch nicht dein Ernst sein, Kollege. Jeder hier weiß doch, daß du allein in den letzten zehn Jahren zwölfmal den Betrieb gewechselt hast. Warum solln wir dir denn eine Treueprämie zahlen?"
„Na, weil ich in keinem Betrieb ein Verhältnis hatte!"

Unter Frauen

„Morgen solls Regen geben."
„Meinetwegen. Ich stell mich nicht an."

Unter Männern

„Tach, Herr Meier. Na, Sie schwitzen ja auch ganz schön."
„Ich schwitze nicht, ich transpiriere!"
„Na schön. Wir haben alle unsere kleinen Laster. Aber schwitzen tun Sie dabei doch trotzdem ganz schön."

BALLADE*

Ade!

Er ist nicht
zur Hochzeit gekommen,
er war auch
zur Taufe nicht da.
Sie hat
einen andern genommen,
und zu dem
sagt Johannes Papa.

* Von einem, der zum Bahnhof ging,
um Urlaubsfahrkarten
zu erstehen.

Die Ball-Saison hat begonnen!

FRAGE

Kennen Sie den Unterschied zwischen einem Kugelstoßer und einem Blumenhändler? Es gibt keinen.
Beide stoßen sich gesund.

Erklärung

Wissen Sie überhaupt, warum es in unseren Neubaugebieten so wenig Gaststätten gibt?
Aus Sorge um den Menschen. – Man hat es ja schon in nüchternem Zustand schwer, sein eigenes Haus herauszufinden.

Lebensstandard

Zwei Ostseeflundern unterhalten sich. Sagt die eine zur anderen: „Ein Glück, daß wir so platt sind. Die Bäuche der Urlauber hängen von Jahr zu Jahr tiefer."

Opa war drüben

Wissen Sie, was Fakt ist?
Fakt is, ich war drüben.
Und hier in dem Spee-Karton sind meine Hemden drinne und meine Unterwäsche. So bin ich schon rübergefahren.
Ich hätte natürlich ooch mein Lederkoffer oder mein Reiselord nehmen können.
Aber als ich gesehn habe, wie *die* immer hier bei uns ankomm, da habe ich mir gedacht: Nee, mit'n normalen Koffer kannste nich fahrn. Wenn de nich gleich als Ostopa auffalln willst, mußte mit'n Pappkarton kommen. Pappe ist poppig. Deshalb hab ich zu Spee gegriffen.
Hat anfangs auch ganz gut geklappt. Denn als ich in München aus'm Zug steig, schlug mir son riesiger bayrischer Holzhacker die Pranke aufs Kreuz und schrie: „Ja, grüß di Gott, alter Speezi!" Doch als er dann mein Dialekt hörte, hat er mich als Saupreuß beschimpft und wollte mir 'ne Watschen geben.
Also, das ist mir als Sachse hier noch nich passiert.
Das ist Fakt. Zum Glück kam dann mein Neffe und hat mich rausgehaun.
Mein Neffe ist zwar nicht besonders kräftig, aber er hat sich gefreut, daß er ein bissel was zu tun hatte.
Er war nämlich seit Monaten arbeitslos.
Deshalb gabs auch gleich die erste Auseinandersetzung.
„Warum gibts'n eigentlich bei euch keine Arbeitslosen?" fragte er.
„Ich weiß nicht", sagte ich. „Es muß am System liegen. Bei uns fehlen die Leute."
„Typisch", meinte Robert. „Irgendwas fehlt bei euch immer." Dann hat er mich noch ganz mitleidig angeguckt und gesagt: „Ich glaub', du kommst aus 'ner ganz anderen Welt."
Ich hab nicht widersprochen.
Da hat er sich gefreut und gab mir zehn Mark. Für die Straßenbahn. Ich sage, „Robert", sag ich. „Für die paar Tage brauch ich doch keine Monatskarte!"
War er schon wieder sauer.
„Du wirst doch wenigstens zweimal quer durch die Stadt fahrn!" sagt er. „Oder willste dir überhaupt nichts ansehen?"
„Doch, doch", hab ich gesagt.
„Na siehste", sagt er. „Übrigens, kannste Karate oder wenigstens Judo?"
„Nee", sage ich.
„Also. Dann kommste immer schön nach Hause, bevor's dunkel wird. Klar?"

„Ich wollte ja eigentlich abends mal ins Kino gehen", sagte ich.

„Das ist Quatsch", meinte er. „Für die Pornofilme biste schon zu alt, und die Hitlerfilme sind mehr für die Jugend. Übrigens, du schläfst bei Tante Gusti. Bei uns geht's nich. Wir haben nämlich gerade die Handwerker. Ich laß die Ölheizung rausreißen und stelle auf Kohle um. Das ist meine Rache an den Ölscheichen. Die könn mich mit ihren Preisen nich in die Knie zwingen."

Da sag ich: „Die Preise machen aber eigentlich ganz andere. Schon mal was gehört von Shell oder Texaco und so?"

Ich kann nämlich im Zug nicht schlafen, und da habe ich während der Fahrt dreimal von vorne bis hinten das ND gelesen. Ich hätte noch ganz andre Korken drauf gehabt. Den ganzen Krisencharakter hätt ich ihm hinblättern können.

Mein Neffe war ganz blaß. Er sagte: „Opa, was ist bloß aus dir geworden! Ich kenn dich nicht wieder."

Ich sage: „Ja, ich weiß ooch nich. Es muß am System liegen. Aber laß uns aufhörn mit der Politik. Ich soll dich übrigens grüßen von Onkel Richard."

„Onkel Richard", schreit er. „Was macht'n die alte Flasche? Der muß doch auch bald Rentner sein."

„Quatsch", sage ich. „Der ist immer noch munter auf'm Bau. Der ist übrigens ausgezeichnet worden. Hat Banner der Arbeit gekriegt."

„Banner der Arbeit?" sagt da mein Neffe. „Was is'n das? Ick kenne bloß Banner gegen Körpergeruch."

„Das liegt am System", sage ich, hab mich rumgedreht und bin mit'm nächsten Zug nach Hause gefahren.

Ich dachte mir: Wenn du hier noch weiter agitierst, denken die, ich bin vom ZK geschickt als Unterwanderer. Außerdem hat der Lenin mal gesagt: Man kann die Revolution nicht exportieren. Und an solche Weisungen muß man sich halten. Ooch als Rentner.

ERNA

Ich war vor Jahren mal zu einem Kurzlehrgang, bei dem ich die Geschichte der KPdSU und Erna Wrucke kennenlernte.

Erna war damals eine Frau in den besten Jahren, was jedoch nicht sonderlich auffiel. Sie gab sich betont schlicht. Auch im Seminar. Im Konspektieren aber war sie eine Kanone. Der Umfang ihrer Niederschriften war größer als der des Lehrbuchs. Die Lehrgangsleitung betonte beim Abschied, „daß man die Kollegin Erna Wrucke als eine sehr fleißige Kollegin einschätzen könne", und wünschte ihr weitere Erfolge „gesellschaftlich und privat". Erna reichte uns allen daraufhin ihre kräftige Hand, sagte zwanzigmal kernig: „Machs gut, Genosse!" und marschierte hinaus ins politische Leben.

Vorige Woche traf ich sie zufällig wieder, bei einer LPG-Vollversammlung. Der Vorsitzende begrüßte sie als Kollegin vom Bezirk und sagte, es sei schön, daß sich auch mal jemand hier sehen lasse, „wo man den Mond mit der Stange hochschiebt"!

Erna Wrucke antwortete: „Überall gibt es prächtige Menschen, und die Zeiten, wo man den Mond mit der Stange hochschob, sind bei uns vorbei!" Dann machte sie sich Notizen. Die Bauern erzählten, der Konsum schaffe nicht genügend Getränke ran; und manchmal habe man Durst wie ne Zicke. „Kollegen", rief Erna, „wir wollen die Sache nicht ins Lächerliche ziehen! Schließlich sind wir in einer Versammlung!" Und sie versprach, beim Konsum in Fragen Getränkeversorgung vorzustoßen.

„Können Sie nicht auch mal nachforschen", fragte ein Opa, „wo der versprochene Eber bleibt? Wenns nämlich noch lange dauert, stirbt unser alter Philipp mal mittem im Sprung."

„Ein schöner Tod!" krähte eine Frauenstimme, und der Saal dröhnte vor Lachen. Der Vorsitzende schlug sich unter Ernas strafenden Blicken wiehernd auf die Schenkel.

Als wieder Ruhe eingetreten war, verkündete Erna Wrucke mit Grabesstimme: „Ich habe mir das mit dem Eber notiert."

„Na, hoffentlich nicht alles!" schrie jemand.

Worauf eine neue Lachsalve den Saal erschütterte.

Erna erhob sich. „Kollegen", rief sie, „seid doch gefälligst ernst. Wir wollen hier ja keinen bunten Abend veranstalten. Schließlich befinden wir uns in der Erntespitze."

Nach der Versammlung begrüßte mich Erna mit einem kräftigen Handschlag. „Wo steckstn du jetzt?" fragte sie mit Sherlock-Holmes-Miene.

„In Berlin", sagte ich.

„Na, da hast dus ja leichter!" meinte sie. „Hier, in dieser Ecke politische Arbeit leisten – Junge, Junge, da mußte Humor haben!"

Problem gelöst

Zweckentfremdeter Räucheraal

„Du, Hannes?"
„Ja, Heinrich?"
„Hast du das gestern in der Zeitung gelesen?"
„Nein."
„Du weißt doch gar nicht, was ich meine."
„Ach so. Ja, was meinste denn?"
„Na, den Artikel."
„Ach so, ja, den habe ich gelesen."
„Mensch, du weißt doch gar nicht, welchen Artikel ich meine."
„Haste auch wieder recht. Also, welchen Artikel meinste denn?"
„Na den, wo sie schreiben, daß immer noch zuviel Wohraum zweckentfremdet wird für Büros oder Lagerräume oder ähnliche Scherze."
„Auch in unserer Stadt?"
„Aber genau!"
„Dagegen müßte man was unternehmen!"
„Jawoll! Wir gründen eine Kommission, die sich mit der Zweckentfremdung befaßt."
„Da mach ich mit."
„Ich auch."
„Brauchen wir aber ein Büro."
„Der alte Lehmann ist doch gestorben."
„Stimmt! – Da sind wir ja arbeitsfähig. Auf ins Büro!!"

Frühstückspause

„So Leute, dann wolln wa erst ma ne kurze Fuffzehn machen. Denn wie sagte doch schon olle Goethe:
  Wat nützt es, wenn die Räder schnurren,
  tut dir der Magen elend knurren."

„Also, ick möcht bloß ma wissen, Heiner, wo de det immer allet so hernimmst. Ick meine diese bildungsmäßigen Bongmotts. Vasteh ma richtich, ick kieke bestimmt ooch ville im Fernsehn, aber wat bei dir allet so hängenbleibt, du – det schaff ick nie."

„Det is doch janz einfach, Hotta. Du dürfst nich immer bloß diese Krimis in dir rinschlürfen! Ooch diese lehrreichen Dinge mußte mit durchstehn. Einfach isset oft nich. Aber ick sage mir immer, Heiner, sage ick: Jebrauchen kannste allet. Und wenn et die Lottozahlen sind."

„Na, det ist doch logisch. 'n Fünfer kann jeder jebrauchen."

„Du vastehst ma miß, Hotta. Ick spiele ja jar nich. Aber die Maschine schon alleene. Det is doch hochinteressant. Also Junge, Junge – det hat doch 'n Tüftler ausjeknobelt. Da kannste doch 'n Hut ziehn vor diesen Neuerer."

„Haste recht, Heiner. Mußte ooch jar nich denken, det mir die jeistigen Sendungen nich intressirn. Also ehrlich, du, ick nutze jeden Ahmd und jede freie Minute vor de Röhre. Erst jestern wieder det Ding: Klock acht unterm Strom. Nich nur wejen die Musik und diese Seemannschangtrees. Da treten doch Künstler auf aus alle möglichen Länder! Und jeder in seine Heimatsprache. Mein lieber Herr Gesangverein. Det is 'n Stimmgewirr. Da kriegste 'n Überblick fürt jroße Ganze. Die weite Welt in deine eigene Stube!"

„Aber jenau! Fernsehn is die elektronische Zeitung, sacht Willi Schwabe oder der Fischkoch – na, is ja ooch ejal –, jedenfalls kann man sich jetrost 'n Stücke abschneiden."

„Aber jenau! Sind wa doch ma ehrlich! Heute, wo allet immer komplizierter wird, mit die Datumsverarbeitung und so – da kann man sich nach Feierahmd nicht einfach in die Falle haun, sondern man muß an sein Jeist feilen. Meinste nich ooch, Emmes? Warum sachst'n du überhaupt nicht? Warum beteiligst'n dir jar nich ans Jespräch? Haste keen Fernseher?"

„Doch, aber der is schon vier Wochen lang kaputt."

„Vier Wochen kaputt? Mensch, da mußte ja schon richtig verblödet sein! Sach ma, wat hast'n jemacht die janze Zeit?"

„Meine Meisterprüfung!"

Zweites Kapitel　　　　　　　　　　　　　　　　　　　　Handel und Wandel

„Sind Sie schon bedient?"　　　　　　　　　　　　　　*Moni Mirzel* (Verkaufskraft)

Was ist ein FATZKE?

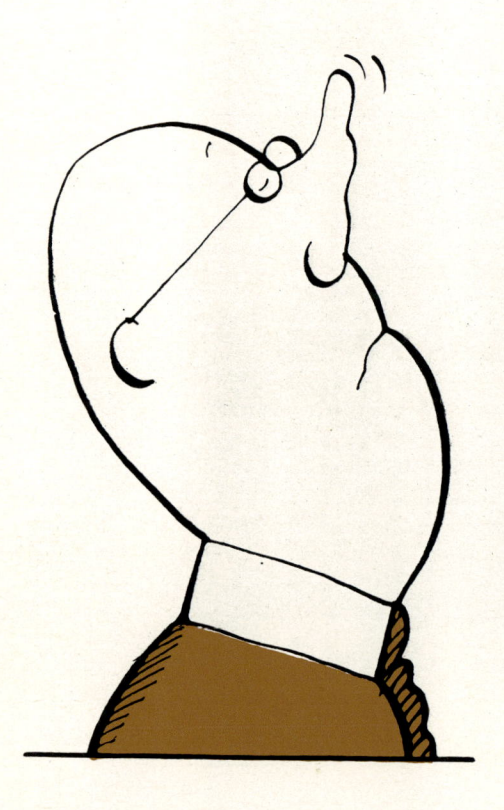

Ich weiß es. Ohne im Großen Duden oder in andern Wörterbüchern nachzusehen.
Fatzken sind für mich in erster Linie Verkäufer und Verkäuferinnen.
Oder Servierer und Serviererinnen.
Oder Taxifahrer.
Oder Angestellte in öffentlichen Ämtern.
Oder...
Genügt. Die Richtung dürfte klar sein.
Klar sein muß aber auch, daß hier nicht von der Mehrzahl die Rede ist, sondern von einzelnen Herrschaften.
Die Mehrzahl ist gut. Häufig noch besser.
Fleißig, höflich, ehrlich.
Sie steht ihren Mann und steht häufig gelobt und geehrt im Lichte der Öffentlichkeit.
Und die andern stehn im Dunkeln?
Leider nicht.
Sie stehen oder sitzen uns genauso öffentlich gegenüber. Sie gehen mit uns um. Oder springen mit uns um.
Und das Schlimme an der Sache: Die tägliche Tuchfühlung, sprich Konfrontation. Ein fatzkenhafter Stahlschmelzer vor dem glühenden Hochofen stört uns nicht. Ein fatzkenhafter Genossenschaftsbauer auf dem ratternden Mähdrescher läßt uns kühl.
Moment mal. –
Da stimmt doch was nicht.
Hat man überhaupt mal was von ausgesprochenem Fatzkentum in Stahlschmelzer-, Bergmanns-, Bauarbeiter- oder Genossenschaftsbauernkreisen gehört?
Wohl nicht.
Ich kenne einen, der steht von morgens bis abends

im Schweinestall, füttert, tränkt und entmistet die Viecher und ist ein ganz freundlicher, bescheidener Mensch.

Während ein anderer, den ich auch kenne und der in einem großen Restaurant die gesottenen und gebratenen sterblichen Reste der Schweine verteilt, sich benimmt wie ein gesengtes Muttertier der erwähnten Vierbeiner. Ich kenne weiterhin einen, der von morgens bis abends oder von abends bis morgens in einer großen Halle steht, mit ölverschmierten Händen schnelle Automotoren zusammenbaut und ein ganz freundlicher und bescheidener Mensch ist.

Während ein anderer, den ich auch kenne und der in einem feinen Autosalon die nagelneuen Wartburgs und Trabants verteilt, sich benimmt wie Graf Koks von der Gasanstalt.

Sie kennen sicherlich ähnliche Leute.

Ein ganz normales junges Mädchen, das Hemden näht, und eine aufgeblasene Lady mit dem exquisiten Schwan, die Ihnen so ein Ding in der Klarsichtfolie überreicht, als wärs ein Stück von ihr.

Oder ein schüchterner Spulenwurm bei Stern-Radio und ein naßforscher großmäuliger Stereoanlagen-Verkäufer im Warenhaus. Oder ein Häuserbauer und ein kommunaler Häuserverwalter. Oder ein...

Was ist eigentlich los?

Wer gibt einzelnen Fatzken das Recht, die Werte, die andere schaffen, lediglich als Requisiten für ihre Star-Auftritte zu betrachten?

Keiner.

Dieses Recht nehmen sich die im Licht der Öffentlichkeit stehenden trüben Tassen selbst.

Und da wäre es eigentlich an der Zeit, daß wir mal wieder zu einer Enteignung schreiten. Konsequent – aber natürlich in netter Form. Denn die Grafen Koks von der Gasanstalt sind ja schließlich auch unsere Leute. Sie lassen sichs eben nur nicht so anmerken.

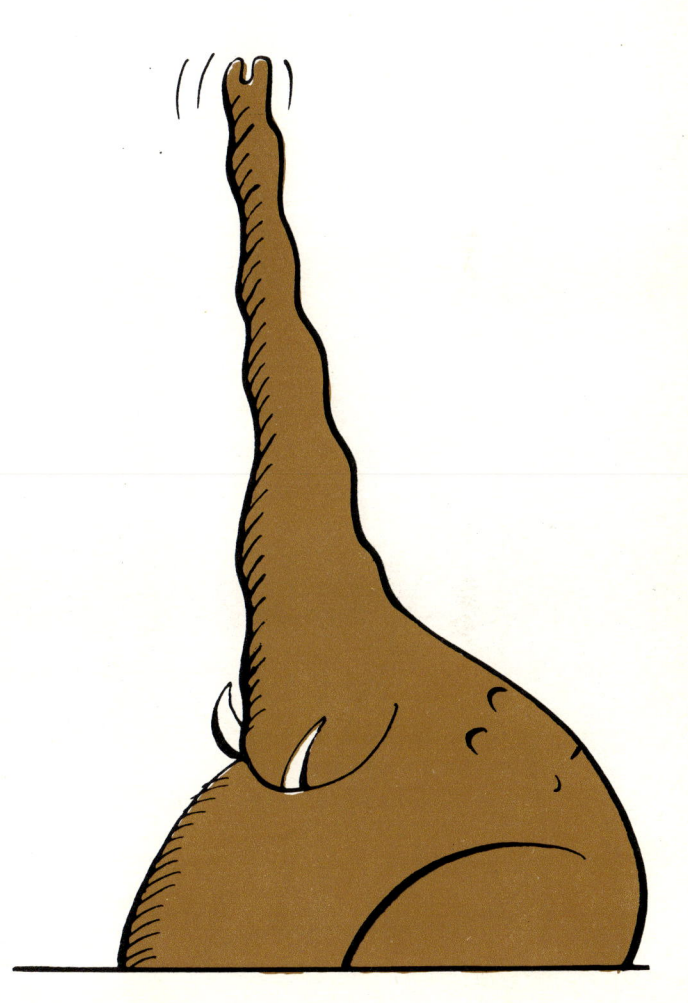

LILOMAUS

auch wenn du mir seit Tagen
nur die schöne, aber kalte Schulter zeigst
und auf all mein Bitten oder Fragen
reagierst, indem du ganz verbissen schweigst,

weiß ich – schließlich bin ich ja kein Dummer –,
meine Zechtour neulich nachts mit Heinz und Klaus
ist der Grund für deinen Zorn und deinen Kummer,
denn dir ist nun mal der Alkohol ein Graus.

Zugegeben, geistige Getränke
sind gefährlich, denn man schluckt zumeist zuviel,
und man muß dagegen kämpfen – doch ich denke:
daß Erfolg nur bringt der Kampf in großem Stil.

Werben sollte man. Vom harten, herben
bis zum süßen Fusel. Motto: „Leute, sauft!"
Die Erfahrung lehrt doch: Das, wofür wir werben,
wird bei uns am allerwenigsten gekauft.

Altes Märchen – neu erzählt
Des Kaisers neue Kleider

Spaßvögel erzeugen modisches Glücksgefühl ohne Materialeinsatz.

Moral: Man kann auch mit bescheidenen Dingen andern eine Freude bringen. Hauptsache, man hat die passenden Argumente.

„Seit wann gilt eigentlich diese Neuregelung für Paßbilder, Meister?"

Limerick

Es war mal ne Jungfrau aus Döbeln,
die suchte seit Jahren nach Möbeln.
Da kam ein ganz alter Möbellagerverwalter.
Den ließ sie.
– Wer wills ihr veröbeln?
Den ließ sie.
– Wer wills ihr veröbeln?

Neuerdings...
tauchen im Stadtbild gelegentlich Automaten auf, die nach einem unbekannten Prinzip arbeiten. Sie funktionieren.

Wachmeister Pfiffig philosophiert:
„Kreisverkehr kommt in den besten Kreisen vor."

An Liese-Lotte in Weimar

Mehr Licht!*

*Sprich: Mehr Fünzel-Bücher!

Ach Lilomaus, wie gern denk ich der Stunden,
da ich in Weimar war zum großen Zwiebelmarkt.
Ich hatte dich und einen Zwiebelzopf gefunden;
das hat mir mancher Mann, der leer ausging,
verargt.

Wir gingen Hand in Hand durch schmale Gassen,
das heißt, wir *gingen* nicht,
man schob uns vor sich her.
Vom Klang der Flöten und vom Kling
der Ladenkassen
ward uns das Herze voll
und dann die Börse leer.

Inzwischen ist die Zeit ins Land gegangen.
Ich bin allein mit meinem bunten Zwiebelzopf.
Doch die Erinnerung hält mich mit Macht gefangen,
der Zwiebelmarkt geht mir nicht aus dem Kopf.

Denn Fernsehn, Funk sowie die ganze Presse
vom Ostseestrand bis hin zur hohen Rhön
sind drauf bedacht gewesen, daß ich nie vergesse:
Der Zwiebelmarkt von Weimar, der war schön!

Doch keine von den zwiebligen Geschichten
hat, glaube ich, das Thema voll erfaßt.
Ich könnte das. – Doch dann müßt ich berichten,
wie du mich in der Nacht gezwiebelt hast.

Keine Angst, ich tu es nicht.
Gruß und Kuß, und lösch das Licht!

Rotkäppchen

Als das kleine, brave Rotkäppchen der Mutter beim Abwaschen half, warf es zufällig einen Blick aus dem Küchenfenster.

„Mutterl", rief da das Rotkäppchen, „dort hinten auf dem Postamt ziehen sie eine Fahne hoch!"

„Es werden Briefe eingetroffen sein", antwortete die Mutter. „Geh hin und schau, ob für uns einer dabei ist."

Das artige Kind schlüpfte flugs in sein Mäntelchen, setzte sein rotes Mützchen auf und trabte von dannen.

„Aber trödele nicht solange herum", rief die Mutter hinterher, „denn du weißt, wir wollen heute noch die Kohlen von der Straße in den Keller tragen und ein wenig Klavier spielen."

„'s ist schon recht, Mutterl", antwortete die Kleine und hüpfte am stillgelegten Fahrstuhl vorbei die Treppe hinunter.

Vor der Haustür schnallte sie sich die Rollschuhe an und schnurrte in Richtung Postamt davon. Die Geleise der Straßenbahnlinie 11, die hin und wieder in dieser Richtung verkehrte, dienten ihr dabei als Orientierung.

An den Haltestellen standen überall schön viel Leute, die dem Rotkäppchen fröhlich zuwinkten. Denn das Geräusch der Rollschuhräder weckte in ihnen Erinnerungen an die Kindheit und an die Straßenbahn.

Aber zwei Männer, die eigentlich nett aussahen, winkten nicht, sondern sagten ziemlich laut „Mist, verfluchter" und „elende Schweinerei". Daran konnte man merken, daß sie nicht nett waren, sondern zwei ganz schöne Flegel oder Arbeiter, die pünktlich zur Schicht wollten. Oder nach Hause. In jedem Falle unschön, solche Flucherei.

Das Postamt war sehr gewaltig und sah aus wie eine Burg. Es wurde auch ziemlich belagert.

Die Verteidiger waren zahlenmäßig weit unterlegen, konnten aber die Anstürmenden in Schach halten mittels eines großen Transparents, auf dem geschrieben stand:

Mit Meckern dauerts noch länger!

Die Leute waren aber im großen ganzen sehr diszipliniert und ließen auch bereitwillig denen den Vortritt, die bereits seit gestern warteten.

Außerdem fühlte jeder Mitleid mit dem Schalterbeamten, der ein Foto seiner Familie an der Mütze trug mit der Unterschrift: „Diese Kinder warten seit einer Woche auf ihren Vater!"

Auch die sanften Weisen, die das zweiunddreißig Mann starke Postblasorchester im Hintergrund der Halle intonierte, trugen wesentlich zu einer milden und niveauvollen Stimmung bei.

Nur das kleine Rotkäppchen, dem es an Lebenserfahrung mangelte, war angesichts der vielen wartenden Menschen sehr traurig. Da entdeckte es zum Glück Herrn Wolf, einen Hausnachbarn und ziemlich gerissenen Burschen, dem es mühelos gelang, sich an die Spitze der Schlange zu mogeln. Er brachte auch prompt einen Brief für Rotkäppchen mit, der sich bei näherem Hinsehen als Botschaft des lieben alten Großmütterchens entpuppte.

Die alte Dame wohnte am Stadtrand unmittelbar hinterm Bahndamm. Sie teilte mit, daß seit einigen Wochen die Zugverspätungen wieder ganz enorm angestiegen wären, und bat, diese Beobachtung doch der Reichsbahn zu übermitteln.

Sie schrieb dann weiter: „Liebes Enkelchen, auch ist mein Husten jetzt wieder stärker, das macht der herannahende Winter und daß ich nicht zur Apotheke gehen kann, weil der Ofensetzer noch vor Weihnachten kommen will, und ich soll nicht aus dem Haus gehen, weil, wenn er mich nicht antrifft, hat er gesagt, ist für ihn der Ofen aus.

Sonst hat mir ja immer der alte Herr Motzke, der hier den Schrankenwärter macht, meine Tropfen mitgebracht. Aber seit geraumer Zeit habe ich ihn nicht mehr erblickt. Entweder ist er zu den Reservisten eingezogen worden oder in die Halle einkaufen gegangen.

Deshalb bitte ich Dich, liebes Enkelchen, ob Du mir nicht könntest ein Fläschchen Krefawien besorgen sowie bei der Schnellreinigung in der Schillerstraße nach meinem Wintermantel fragen. Wollte ihn vorigen Monat abholen, aber da war in der Reinigung ein Fischgeschäft drin, und die Reinigung, so sagte man, wäre jetzt am Südfriedhof, aber den Weg könnte ich mir sparen, weil nächsten Monat die Reinigung wieder zurückverlegt wird und das Fischgeschäft zum Südfriedhof.

Ich danke im voraus für alles und verbleibe mit lieben Küssen. Freundschaft! Deine Oma."

Als das brave Rotkäppchen den Brief der Oma gelesen hatte, traten ihm Tränen der Rührung und Ergriffenheit in die Augen. Hurtig, ja man kann sagen blitzschnell, schlüpfte es in die Rollschuhe und sauste pfeilgeschwind heimwärts, um der lieben Mutter alles auszurichten und sogleich alle Besorgungen für die gute Omi zu erledigen.

An den Haltestellen standen viele Leute. Aber es waren andere als vorhin, weil inzwischen eine Bahn gekommen war. Aus der Kneipe an der Ecke kamen zwei Männer, die sangen: „Heut gehma wieder gar nich heim, holladrio!"

Das Rotkäppchen winkte ihnen lustig zu, weil es Gefallen daran hatte, daß Leute zum Feierabend singen.

An seinem Hochhaus angekommen, flitzte das liebe Kind am stillgelegten Fahrstuhl vorbei die Treppen hinauf, stürmte in die Wohnung – und blieb wie angewurzelt stehen. In der Wohnstube saß die Mutter und neben ihr, Kaffee schlürfend und fröhlich kichernd, die liebe Oma.

„Mach dir nichts draus, mein Mäuschen", rief die alte Dame. „Der Brief ist eine Woche alt. Gerade als ich ihn in den Kasten gesteckt hatte, kam Herr Motzke mit seinem Trabant aus der Werkstatt. Steigen Sie ein, schrie er. Mit Ihrem Husten wird's ja immer schlimmer. Wir fahren sofort in die Stadt zum Arzt! Leider war die Schranke vorübergehend geschlossen, dann kamen ein paar Umleitungen, und beim Hals-Nasen-Ohren-Arzt war's ziemlich voll. Deshalb war diesmal die Post schneller."

Keine Gefahr

„Alsojungssojung kommwa nichmehrzusamm. Nehmwa nochein. Frollein! Dreidoppelte Wellenbrecher!"

„Na, meine Herrn, wirds denn noch reingehn? Schon etwas reichlich heute abend."

„Aberfrollein, isdochnureinmalimjahr Urlaub. Sehnsema, wir arbeitnnudasganzejahr ineinunddemselbm Betrieb, aber denkensiewirhammazeit, zusammn ein zunehm? Nurimurlaubklapps. Disisübrigens mein technischer Leiter, disismein Absatzleiter, und ichbin der Betriebsleiter. Angenehm."

„Was denn, und alle zur gleichen Zeit hier im Urlaub?"

„Nassselbverständlich! Warummnich? Wir hamjahier ein Betriebsferjenheim."

„So meine ichs ja nicht. Ich meine, wer leitet denn in dieser Zeit den Betrieb?"

„Der Chefinschenjör. Dermachtnämlich zuhause Urlaub, undda kanner imma malvorbeijehn undnachm rechtensehen. Prosd!"

Schneewittchen
(wertgemindert)

Zwerch mit Zwerchfell

Es war einmal eine Königin. Die wollte sich gern in den Finger stechen, um ein Märchen in Gang zu setzen und ein Kind zu bekommen. Aber die Qualität der Nadel war unter aller königlichen Würde und Kanone. Es kam kein Blut.

Aber übern kurzen Weg kam der König, und etliche Monde später kam auch ein Kind. Das nannte der König Schneewittchen. Denn das war der Wunsch der Königin und leider auch ihr letzter.

Der König war zunächst sehr traurig und danach sehr heiratlustig. Da stieß er beim Studium der Presse auf ein einsames und standesgemäßes Herz. Flugs verfaßte er ein Telegramm: „Bin interessiert – Bitte kommen – Heirat garantiert – Alfred IV. – König."

Diese eindeutige Depesche löste aber am Hofe des einsamen Herzens keine große Freude aus, sondern lediglich Verwirrung. Denn die Qualität der Telegrammübermittlung war unter aller postalischen Würde und Kanone. Erst nach vielen Jahren gelang es hochspezialisierten Geheimschriftgelehrten, den Sinn der Sache zu entschlüsseln.

Getreu dem Motto: „Es ist nie, es ist nie, es ist nie zu spät, wenn es um die große Liebe geht", machte sich das einsame Herz sofort auf die Socken in Richtung Alfred. Der gefiel ihr, und es gefiel ihr auch, daß das Kind schon aus dem Gröbsten heraus war. Weniger gefiel ihr, daß dieses Kind eine weitaus bessere Figur machte als sie selbst. Hinzu kam noch, daß die Qualität der Spiegel in Alfreds Palast unter aller königlichen Würde und Kanone war. Deshalb beschloß die frischgebackene Stiefmutter, das gute, schöne Schneewittchen von der Bildfläche verschwinden zu lassen. Mit anderen Worten: Mordgedanken. Es fand sich auch ein verkommener Jäger, der den Auftrag nach Feierabend ausführen wollte. Doch die Qualität seiner neuen Stiefel war unter aller weidmännischen Würde und Kanone, so daß der gehbehinderte Mordbube dem flüchtenden Königskind lediglich einen mörderischen Fluch hinterherschikken konnte.

Als die böse Stiefmutter kurz danach, vor ihrer Fernsehtruhe sitzend, durch eine Reportage aus dem Lande der Zwergtätigen erfuhr, daß Schneewittchen immer noch gesund und munter war, beschloß sie, die Sache selbst in die Hand zu nehmen.

Doch sowohl der raffiniert ausgeklügelte Gürtel-Trick als auch die Kamm-Masche waren absolute Versager, weil die Qualität dieser Erzeugnisse... Kein Wunder, daß die vergnatzte Unholdin nunmehr auch dem Obstangebot kein Vertrauen entgegenbrachte. Aber aufgeben wollte sie auch nicht. Da kam ihr eine famose Idee. Sie stiefelte spornstreichs zur nächsten Kaufhalle, nahm im Sturm die Hürde mit den Schrippen und redete dem unerfahrenen Schneewittchen ein, es sei frische Bäckerware. Da öffnete das unschuldige Kind gierig seinen süßen Schnabel, und weil die Qualität der Kaufhallenbrötchen... Na jedenfalls blieb ihm die Luft weg. „Das ist die Wucht in Tüten", krähte die fiese Attentäterin und kratzte zufrieden die Kurve.

Die furchtbar traurigen Zwerge ließen einen Glassarg kommen und stellten das Opfer zwecks öffentlicher Anteilnahme vor die Tür. Als das Täubchen, die Eule und der Rabe gerade ihrer großen Anteilnahme Ausdruck gaben, passierte dem Raben etwas Tierisches. Und weil die Qualität des Glassarges unter aller pietätischen Würde und Kanone war, zersplitterte er unter der Wucht des Aufpralls, so daß dem zufällig des Weges kommenden jungen Prinzen die Sicht auf das holde Gesicht der Schlummernden verwehrt war und er demzufolge nicht begriff, was Sache ist.

Im Gegenteil. Er wetterte lauthals: „Was die Leute auch alles in den Wald schmeißen!" und nahm vor Wut die Büchse und schlug sie an ein' Baum. Dabei löste sich nicht nur ein Schuß, der ihm den Rest gab – nein, infolge der heftigen Bewegung lösten sich auch alle Knöpfe vom neugekauften Sakko, die wiederum die wackeren Zwerge so hart trafen, daß sie sich nicht mehr davon erholten.

So kam es, daß die ganze Angelegenheit überhaupt nicht im Sinne der Brüder Grimm ausging, und sie beschlossen, dieser Geschichte das Prädikat „Märchen" zu entziehen. Denn nach ihrer Meinung gibt es in einem richtigen Märchen keine Qualitätsmängel.

EIN ABEND
bei Semmelmanns

„Ihr könnt uns doch auch mal wieder besuchen", hatten Semmelmanns gesagt. „Wir haben nämlich durch Zufall die neue LP von Tim Triller gekriegt!"
„Die neue LP von Timmy?" rief Frau Kornbusch. „Phantastisch! Wir kommen morgen abend. Paßts euch?"
Es paßte. Und sie fuhren hin.
Frau Semmelmann hatte ein paar Häppchen gemacht. Salzsticks und Erdnüsse waren im Haus sowie eine große Flasche Doppelkorn und etliche Pullen Pils. Allerdings nur einfache. Na schön.
Semmelmann legte die Platte auf und goß ein.
Kornbusch verschluckte sich wie üblich beim ersten Glas und mußte husten. Strafende Blicke aller Anwesenden. Denn der erste Titel von Tim Triller war sehr leise, sehr besinnlich. „Bäume gibts in jedem Wald". (Text: Gisbert Humper. Musik: Traditional)
Dann kam der Heuler „Baby, I wish to wash you". (Text und Musik: Tim Triller nach einer Idee von Corny Beef)
Semmelmann strahlte: „Schote, was?"
„O ja", antwortete Kornbusch, obwohl er, ehrlich gesagt, das ganze Ding etwas verplärrt fand.
Besser gefiel ihm schon „Kurz vor Trapezunt war alles wund", ein altes kaukasisches Reiterlied, neu arrangiert von Willi Muckel.
„Aber jetzt kommt der absolute Hitt", rief Frau Semmelmann.
„Heute gibts wieder Vollmilch, komm, schau sie dir an!" (Text: Volksmund/Humper. Musik: Folklore/Triller)
Als Background die Nunzies.
Da sangen sie alle mit, und Semmelmann trommelte mit zwei Salzsticks auf der Erdnußbüchse.
Stimmung.
Plötzlich schrie Frau Semmelmann auf: „Mein Gott, es ist ja schon zwanzig Uhr! Männe, mach doch mal den Fernseher an!"
„Wird sowieso nichts Gescheites drin sein", meinte Kornbusch.
„Sag das nicht, Erwin", erwiderte Semmelmann. „Seit einiger Zeit bringen sie ein ganz munteres Programm."
„Und heute kommt doch das Fräulein von Sküderieh", sagte Frau Semmelmann.
„Ach", stöhnte Kornbusch. „Hab ich doch schon vor Jahren im Kino gesehen."
„Aber wir nicht", antwortete die Gastgeberin. „Seid lieb, laßt uns mal kurz reinkucken. Wenns nichts taugt, können wir uns ja immer noch unterhalten. Ja?"
Der Film lief schon. Die Tochter des Goldschmieds turtelte gerade mit dem Gesellen des Meisters. Da kam Willy A. Kleinau dazu und machte sofort ein

Faß auf. „So nicht, mein Lieber. Habenichts! Mit meiner Tochter! Haha! Ich glaube, es geht los." In diesem Sinne.

Schwer atmend setzte er sich auf einen derben Hocker. Das war sein Glück. Denn hätte er eine Sekunde länger gestanden, wäre die Whisky-Flasche, die plötzlich durchs Zimmer flog, genau an seinem Kopf zerschellt.

„Is'n da los?" murmelte Kornbusch. „Das ist doch..." Heftiges Zischen von Frau Semmelmann brachte ihn zum Schweigen.

Der Goldschmied saß inzwischen im Keller und wühlte mit zitternden Händen in seinen Edelsteinen. Da lief eine vollbusige Blondine im Bikini vorbei. Der Meister würdigte sie nicht eines Blickes.

Immer, wenn ich kenne ich den Wert des Funzel-Buches!

„Das war wohl das Fräulein von Sküderieh?" fragte Semmelmann.

„Quatsch", meinte Kornbusch. „Das ist doch..."

„Pssst!" machte Frau Semmelmann. Dann kam Henny Porten in der Kutsche angerollt.

„Das isse", sagte Frau Kornbusch.

„Das Fräulein von Sküderieh?" fragte Semmelmann. „Genau!"

„Mein Gott, so unsympathisch sieht sie doch gar nicht aus! Ich verstehe nicht, wieso dieser Knilch in dem irren Kadilljack andauernd mit der Empih nach ihr ballert. Ein Glück, daß er wahrscheinlich einen Knick im Auge hat. Denn wo der die Spritze hinhält, da ist das Fräulein immer gerade weg."

„Aber Männe", sagte da Frau Semmelmann empört, „der schießt ja nun ganz offensichtlich nicht auf das Fräulein, sondern auf den untersetzten Herrn dort auf dem Bootssteg. Das ist übrigens der – na, sag doch mal..."

„Wir wissen doch gar nicht, wen du meinst!"

„Na, diesen Schauspieler von der Volksbühne oder vom Gorki-Theater, den wir erst neulich in dem Film gesehen haben. „Wasser für Okantusch'."

„Ach, du meinst den Theo C. Meier", warf Kornbusch ein.

„Unsinn!" sagte Frau Semmelmann. „Der Theo C. Meier ist doch ein ganz anderer. Der ist ja mindestens einen halben Meter größer. Deswegen nehmen sie den ja auch immer als Synchronsprecher für diesen Franzosen mit der platten Nase!"

„Belmonte!" rief Frau Kornbusch.

„Bel Mondoh, Schatz", korrigierte ihr Mann mit penetrantem Lächeln.

41

„Erwin, jetzt irrst du dich", warf Semmelmann ein. „Der Belmonte ist noch nie von Theo C. Meier übersetzt worden."

„Synchronisiert, meinst du wohl", erwiderte Kornbusch und grinste noch penetranter.

Semmelmann fand im Moment keine passende Antwort und goß aus Verlegenheit noch mal die Gläser voll.

Die Aufmerksamkeit der anderen richtete sich währenddessen wieder auf den Bildschirm.

Eine schwergewichtige, vermummte Gestalt hastete soeben durch eine dunkle, schmale Gasse und stieß einem gestiefelten Herrn mit breitrandigem Federbuschhut kurz und schnell ein Messer in den Rücken. Der gestiefelte Herr sank stöhnend zu Boden. Im Hintergrund sah man eine Litfaßsäule mit dem Zeichen der Leipziger Messe und vor der Säule Theo C. Meier, der einem dunkelhäutigen Herrn in wallendem, weißem Gewand herzlich die Hände schüttelte und ihm mit einem Blick auf den noch weiter im Hintergrund sichtbaren Ozeandampfer offensichtlich eine gute Reise wünschte. Kornbusch atmete noch schwerer als der schwarz vermummte Herr auf dem Bildschirm.

„Also – das ist ja nun wirklich..."

Das Zischen von Frau Semmelmann war absolut synchron mit dem Signal des Ozeanriesen, das aber nur als tonloses Dampfzeichen sichtbar war. Kornbusch langte am Glas vorbei zur Flasche, und das Gluckern in seiner Kehle war absolut synchron mit dem Gluckern des Abwassergrabens im Keller des Goldschmieds und dem lautlosen Gluckern der Mole, von der der Ozeanriese langsam losmachte.

Dann erhob sich Kornbusch und stakste zur Tür. „Du weißt ja, wo's ist, Erwin", rief Frau Semmelmann hinterher. Kornbusch wußte. Aber er ging nicht dorthin, sondern fuhr mit dem Fahrstuhl nach unten und lief mehrere Male ums Neubauviertel. Es nieselte, aber die Luft tat ihm gut.

Als er wieder nach oben kam, war bei Semmelmanns volles Licht, und die Rückseite von Tim Trillers Elpieh drehte sich auf dem Plattenteller.

„Einmal möcht ich was Störrisches tun!" (Musik von Franz von Suppé, bearbeitet und betextet von Gisbert Humper. Background: Die Nunzies.) Kornbusch unterbrach rücksichtslos die stille Andacht:

„Wie ging denn nun der Film aus?"

„Glücklich", sagte Frau Semmelmann. „Die Goldschmiedtochter kriegte den Gesellen, und das Fräulein von Sküderieh fuhr mit der Kutsche davon, und zwar direkt auf den Fernsehturm zu."

„War das nicht der Eiffelturm?" fragte Frau Semmelmann.

„Aber Mausi", rief ihr Gatte. „Du hast wieder mal den ganzen Sinn nicht verstanden! Es war natürlich unser Fernsehturm! Und das ist eine Symbolik!"

Kornbuschs gingen zu Fuß nach Hause.

„Und du meinst wirklich", sagte Frau Kornbusch, „es liegt an den Betonwänden?"

„Oder am Einfallswinkel", antwortete er. „Da kommt es mitunter vor, daß sich das Bild vom Zweiten Programm ins Erste mit reinmischt."

„Gibts das wirklich? Das hättste Semmelmann aber sagen können!"

„Ach, weißt du, dann wären die Abende bei Semmelmanns nicht mehr das, was sie sind."

MODE

Wenn meine Frau sich auszieht,
wie die dann aussieht!
Da bleibt kein Auge trocken,
da biste von die Socken!

Nur Sachen aus Importen
von fernen Orten.
Die Strümpfe Marke „Bella",
der Rock „Estrella",
das Blüschen „Juanita",
der Slip „Chonchita"
und der BH, Signore,
Modell „amore".

Doch, Leute, im Vertrauen:
Direkt aus Plauen,
da stammt der ganze Plunder.
O welch ein Wunder.
Jekooft in diesen Tagen
in Friedrichshagen
am Müggelheimer Damm.
Der Laden heißt „la Famm".
Olé!

ABSETZUNG eines Königs

Es war einmal ein König, der hieß Kunde. Dieser König galt in seinem Lande als vernünftiger und aufgeklärter Herrscher. Er praßte nicht sinnlos herum und verjuxte auch nicht all sein Geld, sondern hielt anspruchsvollen, aber vor dem Volk vertretbaren Hofstaat. Er liebte gutes Essen und Trinken, würdevolle und knitterfreie Roben, trieb zwischen den Regierungsgeschäften etwas Pausengymnastik und holte sich mit seinem auf Teilzahlung gekauften Fernseher gern die weite Welt ins Königsappartement. Zur Befriedigung all dieser Bedürfnisse stand dem König eine große Zahl von Dienern zur Verfügung, die mit viel Fleiß und Geschick alles taten, um ihm das Leben so angenehm wie möglich zu machen. So weit – so gut.

Eines Tages jedoch kam aus irgendeinem Schlupfwinkel ein ganz mieser kleiner Geist hervor, der sich unter die Dienerschaft mischte, diesem und jenem in den Gehörgang kroch und ihm einblies: „Du mußt den König übers Ohr hauen! Es wird dein Schade nicht sein!"

Von Stunde an war der Wurm drin. Der Mundschenk war der erste, der aus der Rolle fiel. Mit der Maske des Biedermanns und unter der Flagge der Hygiene spülte er den großen Humpen vor jedem Einschenken so raffiniert in der Badewanne aus, daß ein Dreiviertelliter Wasser darin blieb und nur noch ganz wenig Wein vonnöten war, um den Pokal bis zum Rand zu füllen. Dem König stieß die Sache mit der Zeit natürlich auf, und er hätte zweifelsohne wie einst sein Kollege von Thule den Apparat einfach ins Meer werfen und nie wieder einen Tropfen trinken können. Aber erstens neigte er nicht zur

Abstinenz, und zweitens fürchtete er, den Mundschenk zu verärgern. Denn Leute dieser Zunft waren ungeheuer knapp. Küchenmeister nicht minder. Schon längst hatte der König bemerkt, daß sein Leibkoch bei der Kalkulation des Spanferkels den Span mitberechnete. Und der Span wurde mit jedem Male größer, das Ferkel aber immer kleiner. Schweinerei, sagte der König. Aber nur sehr leise. Denn der Küchenmeister hatte ein feines Gehör und und außerdem die Möglichkeit, das rare Apfelsinenkompott über einen geheimen Gang einer schönen, strammen Hofdame zuzuschieben, die kein Kostverächter war.

Deshalb schluckte der König lieber die kleinen Portionen und seinen Ärger hinunter. Er sagte auch nichts, als man ihm im Turnier-Ausstatter ein Kettenhemd mit mehreren Webfehlern als erste Wahl andrehte, weil er genau wußte, daß man ihm sonst anstelle der federleichten exotischen Kamelhaar-Satteldecke eine Kalbfellimitation unterjubeln würde, die selbst in der Sektion berittener Ladenhüter verpönt war. Als jedoch eines Tages der Fernsehmechaniker für das Putzen der Linse eine Rechnung schickte, deren Endsumme der Lichtgeschwindigkeit pro Sekunde entsprach, platzte dem König der Bisamkragen. Er ordnete eine große Gerichtsversammlung an und beschuldigte seine ungetreuen Diener der Unredlichkeit und des Betruges in zahlreichen Fällen. Die Diener jedoch gingen zum Gegenangriff über. Sie wiesen nach, daß der König stets geschwiegen und sogar ein bis zwei Augen zugedrückt hatte. Er habe sie deshalb letzten Endes in ihrem Tun ermuntert und folglich jede Autorität verloren. Man müßte ihm also fürderhin jegliche Anerkennung verweigern und seine Absetzung fordern.

*

Leider ist nicht überliefert, wie der Prozeß ausging. Gerüchten zufolge hat der König zwar gewonnen, aber sein Thron soll dabei ganz schön ins Wackeln gekommen sein. Und wenn er nicht gestorben ist, wackelt er heute noch.

Sabinchen

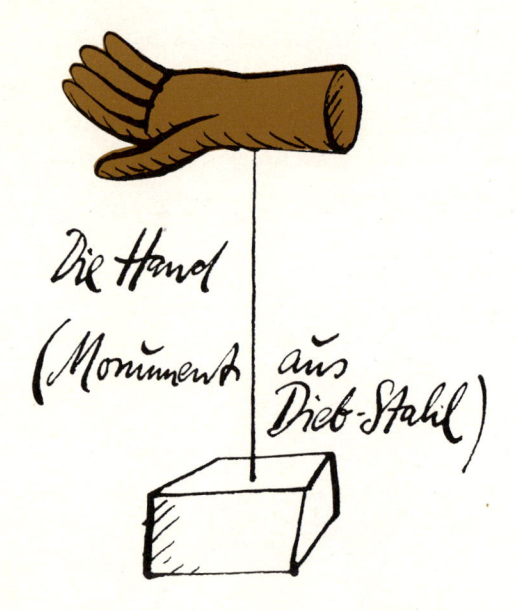

Die Hand (Monument aus Dieb-Stahl)

Sabinchen war ein Frauenzimmer,
treu und tugendhaft.
Sie diente treu und redlich immer
bei ihrer Dienstherrschaft.

Die Dienstherrschaft hieß Konsum.
Konkret: „Zur blauen Maus".
Dort nahm sie keine Silberlöffel,
sie nahm die Gäste aus.

Kaum war ein Jahr und mehr vergangen,
da kam der Schummel raus.
Da jagte man mit Schimpf und Schande
Sabinchen aus dem Haus.

Da kam aus Neuenbrizzen
ein Mann von der HO.
Nun tut sie in Neuenbrizzen stibitzen
Farija, farija! – Oh!

DAS ist ein Geschäft!

Warum weinst du, holde Gärtnersfrau?
Du hast Kies, das weiß ich ganz genau.
Und den Kies, den füllst du in ein' Pott,
und in den Pott steckst du ne Nelke flott.

Und dann stellst du, holde Gärtnersfrau,
diesen Pott im Laden hin zur Schau.
Du wirst sehn, die Leute kaufen dies,
und du machst – juchhei – dir Kies mit Kies!

Immer wieder sonntags

„Ein Sturmtief über den britischen Inseln! – Das ist weit. – Aber immerhin. Was ist, wenn Ausläufer auch unseren Raum streifen? – Egal. Wir müssen durch. Nervös, Lydia?"

„Ein bißchen, Fred."

„Ruhig Blut. Die Maschine ist tapfer und stark! Angeschnallt, Lydia?"

„Ja, Fred."

„Na denn! Drei, zwei, eins, null – Start!"

„Kuppeln, Fred!"

„Wieso, Lydia? Ach so. Gut, gut. Und jetzt beschleunigen. Hei, jeu, jeu!"

„Vorsicht, Fred. Da kommt was!"

„Zu spät. Nein, doch noch nicht. Glück gehabt, der Kerl. Wahrscheinlich Ausländer. Feuerrotes Gesicht. Oder der Schreck."

„Es stinkt, Fred. Hinten stinkts!"

„Verdammt! Bremse war nicht gelöst. So, jetzt gehts besser. Tupf mir mal den Schweiß ab, Lydia. Danke. – Warum werden wir so langsam?"

„Der Motor ist aus, Fred."

„Auch das noch! – Da unten ist so ein Hahn. Dreh mal nach rechts. Oder nach links. Nein, lieber nach links. – Siehste, jetzt kommt er wieder."

„Warum blinkst du, Fred?"

„Ich blinke? Tatsächlich. Keine Absicht. Zufall."

„Warum ruckt es so?"

„Krieg das Bein nicht gerade. Hose kneift. Mach mal hinten die Träger los! So, jetzt ists besser."

„Ich muß mal, Fred. Halt an."

„Auweiauwei! Gar nicht gesehen, daß einer hinter uns war. Brüllt der was?"

„Na klar. Hörst du's nicht?"

„Nee. Hab Watte im Ohr wegen der Zugluft. Fertig?" – „Fertig."

„Also weiter. – Ach, da sind wir ja schon! Tach, Lenchen, Tach, Robbi. Na, heute habt ihr wohl mit Oma und Opa nicht gerechnet, was? Keine Angst, wir bleiben nur ein paar Minuten. Wolln noch ne kleine Runde drehen. Denn wenn man einen Trabant hat, muß man ihn auch ab und zu mal bewegen. So'n Auto kommt sonst aus der Übung. Und das ist verdammt gefährlich. Stimmts, Lydia?"

„Ja, Fredelchen. Wo hastn überhaupt deine Brille?"

„Zu Hause vergessen."

„Na, Gott sei Dank. Ich dachte schon, beim Pullern verloren."

Mutters Hände

Aus Mäcky Lehmanns Aufsatzheft

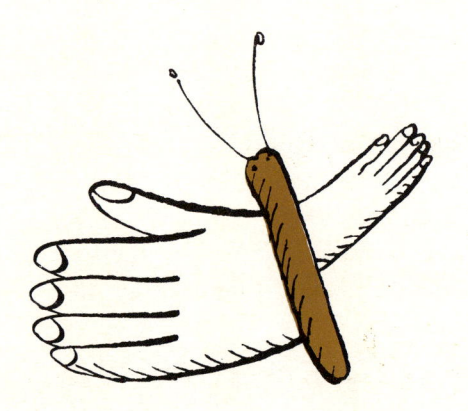

Meine Mutter hat zwei Hände. Eine linke und eine rechte. Wenn wir gemeinsam mit Papa baden gehen, dann liegt Papa auf der Decke und auf dem Bauch und brummelt: „Ach, ist das langweilig!" Dann nimmt Mutter die rechte Hand und läßt die flinken, zarten Fingerchen über Papas Rücken krabbeln. Dann stöhnt Papa: „Ach, ist das schön!"
Da muß ich albern lachen, und da nimmt Mama ihre linke Hand und gibt mir einen scherzhaften Klaps hinters Ohr. Dabei fällt mir fast das Ohr ab, denn Mamas linke Hand hat eisenharte Finger mit Muskeln drum, und auch der Arm ist nicht von Pappe. Deshalb schüttelt sie auch Herrn Krausenickel, den sie nicht besonders leiden kann, immer mit links die Hand, denn dann geht er wie ein angeschlagener Boxer auf die Bretter.
Meinem Papa ist das manchmal peinlich, und außerdem ärgert ihn, daß er eine Frau hat, die auf der einen Seite sanft und auf der anderen brutal ist. Da empört sich Mama und sagt, er hätte dann eben keine Kassiererin aus der Kaufhalle heiraten dürfen, die rechts auf den Tasten klimpert wie Papanini in seinen besten Zeiten und links wie ein Lastkran vom Rostocker Hafen täglich ein paar Tonnen Stückgut von einem Korb in den anderen hievt.
Worauf Papa erwidert: Dann müßte man eben mal Kassen erfinden, wo die Kunden links und auch rechts vorbeigehen können, damit die Kassiererin als Mensch in der Mitte bleibt und auf beiden Seiten belastet wird. Oder man müßte überhaupt noch weiter knobeln, damit das alberne Hinundhergepacke von Bierpullen, Milchtüten, Fleischpaketen, Zahnbürsten, Kohlköpfen oder flüssigen Badejungen wegfällt.
Da sagt Mutter: Das sind technische Probleme, und die technischen Probleme kann man nicht in den Vordergrund rücken. Das Wichtigste ist der Mensch.
Da hat Papa keine Argumente mehr und gibt Mama aus Hilflosigkeit einen Kuß.
Aber ich lache nicht über ihn. Denn Papa hat zwei gleichmäßig ausgeruhte Arme, weil er eine Arbeit macht, wo man nur denkt und nichts dabei bewegt.

Wurscht

Manche behaupten, Bier und Schnaps machen streitsüchtig – Wein macht gemütlich. Alles Quatsch. Ich kann trinken, was ich will – meine Frau streitet immer.

Feinfühliges Aufklärungsgespräch

„Herr Lehmann", sprach Biologielehrer Krauß,
„Sie können mir kolossal nützen,
indem Sie die Aufklärung Ihres Sohns Klaus
durch väterlich Wort unterstützen.
Am besten, Sie gehen mit ihm mal hinaus
in die grünende, blühende Flur
und greifen geschickt ein Exempel heraus
aus dem Treiben der Mutter Natur.
    Erklärn Sie's dem Kläuschen
    am Beispiel der Mäuschen!"

Sie sitzen am Feldrain, der Sohn ist ganz stumm
und auffällig rot um die Ohren.
Herr Lehmann sagt: „Junge, kein langes Drumrum,
haste schon deine Unschuld verloren?
Also nicht! Doch ich weiß es, du hast schon bei Nacht
deine Eltern ganz heimlich belauscht
und gesehn, was der Vater mit Mutter da macht,
wenn sich lustig die Bettdecke bauscht.
    Genauso, mein Kläuschen,
    machens die Mäuschen!"

Aus dem Straßenhandels-Leben:

DIE SCHNIPPEL-TRUDE

*Jetzt kommt Stimmung in die Bude,
denn – jetzt kommt die Schnippel-Trude!
Grüne Bohnen, Gurken, Möhren
kannste nich im Stück verzehren!
Die Gefahr, dran abzunippeln,
ist sehr groß – drum mußte schnippeln!*

Sehnse, Damen und Herren, und zu diesem Zweck hab ich hier das Universal-Schnippeleisen MZ-74SL – im Volksmund auch scharfe Johanna genannt.
Nu seh ick schon, wie Sie höhnisch grinsen. Denn als moderne, völlig durchelektrifizierte DDR-Bürger hamse natürlich für solche Zwecke die tollsten Apparate. Von der einfachen halbautomatischen Schnippelmaschine bis zur volltransistorisierten Super-Komet-Mühle mit Hykomatschaltung, Zeilenregler und Stereo-Schnipplung.
Aber wat Se nicht haben, is Trudes schlichtes, unverwüstliches Schnippeleisen. Und das is Ihr Fehler, Damen, Herren!
Denn hamse schon mal gemerkt, wieviel Zeit Sie brauchen, um einen modernen Haushaltsroboter, mit dem Sie vorhin vielleicht gerade Quarkspeise gequirlt haben, plötzlich auf Gurkensalat umzurüsten? Da dauert doch der Umbau länger als der ganze Schnippel-Akt! Und was is, wenn die Kardanwelle klemmt oder der Keilriemen explodiert? Da hamse den Salat, aber keen Gurkensalat.
Und da bringse das Gerät zur Reparatur. Und wennses nach'm halben Jahr zurückkriegen, hamse entweder keenen Appetit mehr oder keene Gurken.
Sehnse! Det alles kann Sie mit Trudes Schnippeleisen nich passieren.

*Schnippelst du mit Trudes Blechen,
brauchste keen Monteur bestechen!*

Das Gerät ist dermaßen einfach in der Handhabung, daß man es schon nach zweimaligem Probieren auch mit den übriggebliebenen vier oder dreieinhalb Fingern bedienen kann.
Die linke Hand, die sogenannte Packhand, packt den Apparat, drückt ihn fest auf die Tischplatte und schiebt gleichzeitig die Gurke Stück für Stück unters Klappmesser, welches Sie mit der rechten, der sogenannten Spielhand, rhythmisch hoch- und runtersausen lassen.

*Selbst der Fischkoch – muß man wissen –
schnippelt damit Gabelbissen.*

Wennse jetzt nich zugreifen, sindse selber schuld! Außerdem könnse froh sein, daß Se hier eine Verkaufskraft vor sich haben, die Ihnen das Gerät, das se anbietet, ooch erklären kann.
Ich wollte mir neulich einen ganz tollen Plattenspieler mit Farbtasten koofen, und als ich die Ver-

50

Mein Gott, hat meine Frau 'ne scharfe Zunge!

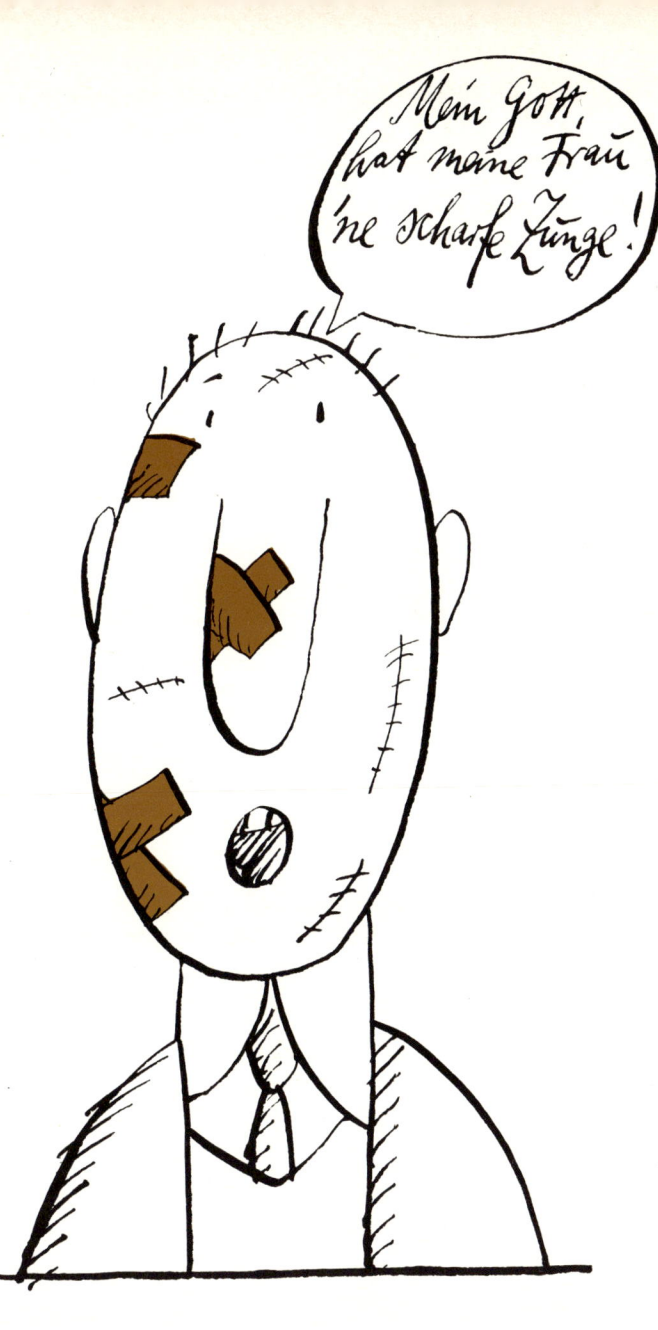

käuferin fragte: „Wie funktioniert das Gerät?", sagte die: „Det intressiert *mir* doch nicht. Wolln *Sies* haben oder ick?"

Wem Gott will rechte Gunst erweisen,
dem schenkt er Trudes Schnippeleisen!

Das heißt, verschenken tu ichs natürlich nicht. Das hab ich schon 1947 nicht gemacht. Damals hab ick nämlich den Apparat als Tabakschneider für selbstgebastelten Krüllschnitt unter die Massen geschleudert.
Natürlich nich für Geld, sondern für Mohrrüben und Gurken. Der Umsatz war nich dolle. Wat mir wundert. Denn reden konnte ich schon damals ganz munter. Aber wahrscheinlich hatte ich nich die richtigen Argumente, oder die Leute hatten keene Mohrrüben und Gurken.
Heute ham wa beides. Oft sogar zur gleichen Zeit!
Und wenn Se nu fragen, warum ick heutzutage so'n altes Eisen wieder auf'n Markt schleudre, dann kann ick Ihnen das janz einfach erklären:
Wenn im Zuge der Nostalgie, die in unserer Landschaft vornehm Kunstgewerbe heißt, Omas Petroleumfunzeln und Knöchelröcke wieder ap tu date sind, dann wird ooch Trude so manchen Esel finden, dem es so wohl ist, daß er nicht nur aufs Eis, sondern ooch aufs alte Eisen steigt.

Selbst der Kunstpreisträger Meier
schneid't mit Trudes Eisen Eier!

Sie werdens vielleicht nich wissen, aber es ist so:
Ick entstamme einer uralten Bauchladenhändler-Dynastie!

Mein Vater verkaufte in den zwanziger Jahren die abwaschbare, immerglatte Jopo-Krawatte mit angeschweißtem Vorhemd. Mit dieses Kleidungsstück brauchte man weder Unterwäsche noch Frackhemd. Man hängte sich das Ding um den Hals, zog 'n Jackett drüber, und auf gings in Ritas Tanzpalast!

Ick habe neulich unserm Außenministerium vorgeschlagen, dieses Kleidungsstück für Diplomaten in tropischen Ländern als Dienstkleidung zuzulassen. Der Vorschlag wurde abgelehnt mit dem Argument: Ein DDR-Bürger hat es nicht nötig, sich den Rücken frei zu halten.

Außerdem: Unsere Diplomaten schwitzen nicht einfach drauflos – sie transpirieren konsequent im Rahmen der internationalen Beschlüsse.

Doch auch in Diplomatenkreisen
schätzt man Trudes Schnippeleisen!

Denn wenn beispielsweise unser Mann in Havanna oder Westafrika eine mit Hilfe der DDR gebaute Fabrik oder Schule einweihen will, dann braucht er sich beim Durchschneiden des Bandes nicht mit ner Schere aus unserer Produktion zu blamieren, nein, er nimmt Trudes Apparat, und schwupp findet er Anerkennung und Bewunderung.

Doch nicht nur mein Vater, auch alle anderen Vorfahren unserer Familie waren als fliegende Händler tätig.

Mein Großvater zog als Hoflieferant mit Schnürsenkeln und Gummiband durch die Hinterhöfe und verfaßte schon damals gemeinsam mit Heinrich Zille den Spruch: „Man kann einen Menschen mit ner Imbißbudenbulette genauso erschlagen wie mit einer Axt."

Diese Zeiten sind Gott sei Dank vorbei. Denn:

Ist so'n Klops auch hart wie Stein,
mit Trudes Messer kriegst'n klein!

Schon im Mittelalter betätigte sich einer meiner Urahnen als ambulanter Händler. Er verkaufte handgemalte Star-Fotos von Walter von der Vogelweide und Wolfram von Eschenbach. Während der Kreuzzüge stieg er dann auf Nachschlüssel für Keuschheitsgürtel um, was ihm jedoch als Verkehrsdelikt angerechnet wurde und mehrere Stempel sowie Entzug der Feile einbrachte.

Und weil man damals als krimineller Handelsmann keine Gelegenheit hatte, in der nächsten HO-Gaststätte oder Verkaufsstelle einen neuen Job zu finden, ging er in ein Kloster.

Dort erfand er den „Grauen Mönch", der dem Kloster in Leipzig Messegold und ihm persönlich den Goethe-Preis einbrachte. Der Preis wurde ihm später jedoch wieder aberkannt, weil sich herausstellte, daß Goethe noch gar nicht lebte.

Da kann man mal sehen, wie wenig Übersicht man damals bei der Ordensverleihung hatte. Und das bei der geringen Stückzahl. Schleierhaft ist mir jedoch in diesem Zusammenhang, warum ick für mein Universal-Schnippeleisen noch nich die geringste Auszeichnung erhalten habe.

Vielleicht isset nich scharf jenug?
Wat ick aber nich gloobe.
Denn Jurken schneidets jut.

Adschö!

Limerick

Es war mal ein Mädchen
aus Jena.
Das sagte zu jedem:
„Na, Kleena,
wie wärs mit uns zwein?"
Und so mancher stieg ein.
Doch geblieben
ist leider nich eena.
Doch geblieben
ist leider nich eena.

Vorschlag

Funzel trägt sich mit dem Gedanken, einigen mehr oder weniger bekannten Persönlichkeiten nebst Gattinnen für ihr Auftreten in der Öffentlichkeit den Titel „*Intersnob*" zu verleihen.

BEKANNTMACHUNG

Jeder hat sein Päckchen zu tragen.
Briefe werden vorläufig noch zugestellt.

Deutsche Post

„Es ist Besuch von oben angesagt."

Wahre Begebenheit

„Was denn", sagte der Mann, „schon wieder Kartoffelsuppe?"
„Das ist der Rest von gestern", entgegnete die Frau.
„Die hat mir gestern schon nicht geschmeckt", gnatzte der Mann.
„Gut", sagte die Frau, „dann schneide ich ne Wurst rein, mache 'n bißchen Butter ran, und dann kriegt die Suppe eben der Hund."

Wußten Sie schon...
...daß es mitunter leichter ist, einen einzelnen Tisch im Lokal zu bekommen als im Laden?

Artistenschicksal

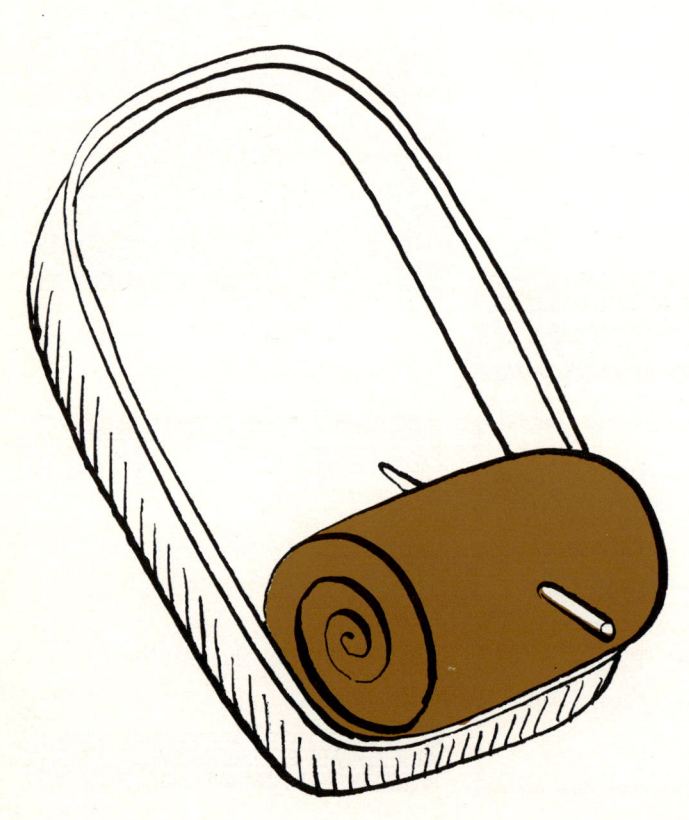

„Herr Schmacke-Duzius, Sie entstammen, wie wir hörten, einer alten Artistenfamilie. Schon Ihr Urgroßvater trat als Gaumenkünstler auf."

„Ja, das stimmt. Mein Vater führte dann diese Arbeit fort, baute die Nummer noch etwas aus und vermachte sie mir, als ihm der Tod den Löffel aus der Hand nahm."

„Obwohl Sie eine fertige Nummer übernahmen, mußten Sie natürlich auch von der Pike auf anfangen, wenn man so sagen darf."

„Ei freilich. Ich verkostete zunächst nur Biersorten und bestimmte lediglich die betreffenden Brauereien und das Abfüllungsdatum. Später ging ich dann dazu über, mit verbundenen Augen Milch zu trinken und die genauen Fettprozente zu bestimmen."

„Schlagzeilen machte ja seinerzeit Ihr Auftreten im Auguststadtpalast, als Sie Abend für Abend zehn Teller Bratkartoffeln verspeisten und genau definierten, ob Brehms Mittelfrühe oder Späte Hulda in die Pfanne gehauen wurde."

„Später stieg ich dann auf Rühreier um, wobei ich jeweils die Hühnerrasse und das Alter der Henne herausschmeckte. Der Erfolg war der gleiche."

„Wir erinnern uns nur zu gut. Bedauerlicherweise ist es in der letzten Zeit etwas ruhiger um Sie geworden. Sind Sie erfolgsmüde oder hängen Ihre Geschmacksnerven durch?"

„Keins von beiden. Ich arbeite schon Jahre an einer neuen Nummer. Leider ohne Erfolg. Mitunter zweifle ich schon an meinen Fähigkeiten. Ich kann nichts mehr unterscheiden. Sie schmecken alle gleich."

„Wer oder was bitte?"

„Unsere Fischbüchsen!"

PATERNOSTER
in Bottelkow

Das ist ne echte Doppelfetze, Fäns.
Ich meine, Paternoster schockte ja schon immer. Selbst in der Fernsehsendung „Rums", wo die Gruppe einen etwas weicheren Draht zuppelte, war sie der große Hammer. Aber in freier Wildbahn, in unseren schönen Städten und Gemeinden – also, wenn da die Jungs um Ringo Rutsche, dem Mann mit dem Nasenglöckchen, ihrem Affen Zucker geben, da gehts runder als rund, und da ist nichts mit Ei känn Bucki. No Söhr, da ist Hartrock die Stufe eins der Rakete, und danach wirds dann ganz langsam heiß. Die Jungs können aber auch soft – ganz soft. Wie's gewünscht wird.
Soviel zu Paternoster. Ach, halt. Das vielleicht noch: Anfangs hatten sowohl weltliche als auch kirchliche Kreise leichte Bedenken hinsichtlich des Namens der Band. Da wechselte Ringo Rutsche, der Chef, berufsmäßig vom Fleischkombinat zum VEB Aufzugbau – und nun ist der Name abgesichert.
Also, soviel zu Paternoster.
Nun zu Bottelkow.
Wird nicht jeder kennen. – Mit Ausnahme des Ministerrats. Der schickte nämlich auch dorthin einen Durchschlag seines Beschlusses zum Thema Jugendtanz.
Der Bürgermeister von Bottelkow las den Beschluß und schloß daraus, daß der jährliche Feuerwehrball im „Bottelkower Krug" beim Ministerrat entweder nicht registriert oder als schlappe Leistung verbucht wird.
Seit dem Tage gabs im „Bottelkower Krug" Disko.
Jeden ersten Mittwoch im Monat.
Das war immer ein günstiger Tag.

Da waren die Tischdecken schon abgenommen, weil Donnerstag immer das Wäschereiauto aus der Kreisstadt kam, und frische Decken waren noch nicht da, weil sie das Wäschereiauto ja erst Donnerstag brachte.

Da waren die Tische und Stühle schon übereinandergestellt, weil donnerstags der Saal gefegt wurde, und somit hatte das junge Volk eine schöne große Fläche zum Schabbern, und da sägte Humpels Anton immer Holz, was allerhand Kraftstrom fraß, so daß die Verstärkerboxen der Disko-Anlage nicht den vollen Saft bekamen und die Jugend zwar ihren Schwof, aber die Gemeinde ihre Ruhe hatte.

Außerdem gabs keine Cola und somit keine klebrigen Flecke, und weil für vier Fans jeweils nur ein Bierglas rausgerückt wurde, achtete jeder drauf, daß keiner einen Tropfen verschüttete, der den anderen vielleicht an der Stimmung fehlen könnte.

Natürlich brachten einige Fäns auch immer ein paar Granaten mit. Und weil es ja im Falle einer zufällig des Weges kommenden Kontrolle ganz schön blöd aussieht, wenn Atze Boofke mit ner Pulle Korn in der Faust angetroffen wird, bekam er mit seinen Kumpels einen Tisch, unter dem man notfalls alles verschwinden lassen konnte. Auch der Wirt macht sich strafbar, und ein popliger Jugendtanz lohnt dieses Risiko ja nun wahrlich nicht. So lief alles bestens.

Die Diskotheker kamen und gingen. Sie spielten, was sie auf Platte und Band oder in der Hinterhand hatten, und der Bürgermeister war stolz, sowohl beim Ministerrat als auch bei der Jugend einen Stein im Brett zu haben.

Aber die Jugend ist ja nie zufrieden. Auch in Bottelkow.

Plötzlich sagten die Fäns: Disko ist gut, aber ab und zu mal ne echte, lebendige Truppe auf der Bühne, das ist besser. Paternoster muß her! Auch wir wolln Ringo Rutsche mal am Glöckchen kitzeln!

Und der Bürgermeister dachte: Auch mich könnt ihr mal. Aber sonstwo. Doch da kam ein Brief vom Fernsehen. Ausgerechnet in Bottelkow wollten sie mal was drehen. Übern Jugendtanz auf dem flachen Lande, und die Gruppe Paternoster sei an diesem Wochenende sowieso zum großen Binnenfischerfest im Bezirk, und da ließe sich doch...

Kurz und gut:

Paternoster kam nach Bottelkow. Und die Jugend kam. Es kam mehr Jugend, als laut Statistik eigentlich vorhanden ist. Und das Fernsehen kam, und aus diesen Gründen kamen Freunde der Jugend vom

Atze, der alles überfeafet

Bezirk und vom Kreis, von der FDJ, von der GST, vom agrochemischen Zentrum, vom Mischfutterwerk, vom Volkseigenen Gut und von der Kooperativen Abteilung Pflanzenproduktion.
Der Pfarrer kam nicht. Er hatte zwar Lust, aber Grippe.
Der Bürgermeister hatte nicht mit soviel Jugend, aber genau mit soviel Offiziellen gerechnet und im Vereinszimmer ein kleines Büffet arrangiert. Der Fernsehregisseur tat ihm den Gefallen und zog eine Kamera und ein Mikrofon aus dem Saal ab. Da lasen die Offiziellen nacheinander eine kleine Stegreifrede über die Entwicklung des Jugendtanzes in Bottelkow, dankten der Regierung und sich selbst für diese und jene Initiative und erhoben das Glas auf dieses und jenes und auch auf die Jugend.
Diese stand im Saal und lauschte mit glühenden Augen und Ohren dem kehligen Gesang von Ringo Rutsche, der einen uralten, aber frisch aufgerauhten schottischen Choral zum morschen Dachgebälk des Bottelkower Kruges hinaufstöhnte. Am Ende schüttelte er leise den Kopf, und das Glöckchen an seiner Nase machte plim, plim, und der letzte Gitarrenakkord verhallte wie der Klagelaut eines sterbenden Elches im schottischen Hochmoor.
Ein etwas dummes Mädchen quietschte hysterisch, die anderen schluchzten erschüttert, und Atze Boofke trocknete sich die Tränen mit einem Tischtuch. Es war das erste Mal, daß er beim Jugendtanz weinte, und es war das erste Mal, daß ein Tischtuch da war.
In dieser Art ging das Konzert der Gruppe Paternoster dann weiter. Leider gab es Störungen. Aus dem benachbarten Vereinszimmer drangen Ziehharmonika-Klänge, und gutgeölte Kehlen forderten mehrstimmig „Laß doch der Jugend ihren Lauf", versicherten, „Wir machen durch bis morgen früh und singen bumsvallera" und behaupteten, daß sie General und Ataman bis zum Stillen Ozean gejagt hätten, humba-tätärä.
Paternoster hatte aber dann doch ein paar Watt mehr auf den Boxen und legte einige heiße Kohlen auf. So gingen das Konzert und der anschließende Tanz aus dem Stand gut über die Bühne. Das Fernsehen machte schöne Bilder und ein paar muntere Interviews, die später auch alle gesendet wurden. Mit Ausnahme eines Satzes. Da hatte nämlich ein junger Bottelkower gesagt: „Der Abend hat schwer eingefetzt. Aber sag mal: Was war'n das eigentlich für ne kaputte Truppe da im Nebenzimmer?"

Surabeier Schonni

Unsere LPG hatte in der Zeitung gestanden. Nicht gerade rosig. Schlechte Schichtarbeit während der Getreideernte, ungenügende Strohräumung und schleppende Schälfurche – das waren so die massivsten Bolzen, mit denen man uns beschoß. Außerdem noch ein paar kleinere Querschläger am Rande in Richtung Leitungstätigkeit.

Kein Wunder also, daß die Stimmung im Dorf nicht himmelhoch jauchzend war, sondern beinahe gedämpft.

Der Vorstand hatte schon eine ganze Nacht getagt und überlegt, wie man die Leute wieder auf andere Gedanken bringen könnte. Aber leider nicht den richtigen Dreh gefunden.

Doch immer, wenn du denkst, es geht nicht mehr, kommt von irgendwo ein Lichtlein her.

In unserem Falle kam es in Form einer Handvoll Künstler vom Kreistheater. Sie boten sich an, aus Werbegründen in unserer Konsumkneipe „Zum Nassen Sack" ein paar Schnurren von Brecht und Emmes Kallmann zu bieten, wenns sein muß, auch anschließend Tanz.

Wir griffen dankbar zu und machten am Schwarzen Brett die Gemeinde mobil. Eine halbe Stunde nach dem Füttern war der Saal voll. Die Künstler hatten sich nach dem Entrümpeln der Bühne frisch gewaschen und bemalt sowie ein paar Tropfen gegen das Lampenfieber genommen. Dadurch waren sie gut aufgelegt, aber fielen nicht aus der Rolle. Was man von Erich Lupfer nicht sagen konnte, denn der kam direkt von der Arbeit und war voll wie tausend Mann. Zum Glück schlief er beim Eröffnungsmarsch gleich ein und warf somit keinen Wermutstropfen ins Programm.

Über dieses selbst, also das Programm, kann man nur sagen: Alle Achtung. Flotte Weisen am laufenden Band, dazwischen mal was Besinnliches, aber nie so, daß man den Eindruck hatte, jetzt wirds politisch oder artet aus.

Und was der Pianist aus unserem alten Klavier herausholte, es stammt übrigens noch aus der Zeit, bevor es Konsum wurde, also, was der da rausholte, hat man im Fernsehen auch noch nicht besser gehört.

Ja, und dann passierte das Ding mit dem Surabeier Schonni. Sie kennen es ja sicherlich. Im Fernsehen haben sies auch mal gebracht, ich glaube, mit der Gisela May, der Lieblingssängerin von Brecht. Ist ja ein ziemlich gewagtes Coupleh, aber bitte schön – wo's hinpaßt, einverstanden.

Na, jedenfalls kommt doch da die Stelle: „Nimm doch die Pfeife aus dem Maul, du Hund!"

Unser alter Opa Mäckel, der ständig, wo er geht

und steht, seinen Knösel im Mund hat, so auch an diesem Abend, allerdings kalt wegen der Feuerwehrbestimmung – Opa Mäckel also muß das wohl persönlich aufgefaßt haben und ließ vor lauter Schreck die Pfeife mit lautem Gepolter in den Saal fallen.

Natürlich drehten sich alle um, und auch die Sängerin, es war übrigens nicht die Gisela May, kam etwas aus dem Tritt, aber sie fing sich wieder auf.

Opa Mäckel tauchte nun unter und fingerte den Fußboden nach seiner Tabakspfeife ab. Dabei muß er im Halbdunkeln wohl aus Versehen der vor ihm sitzenden Uschi Nebel an die im ganzen Kooperationsverband bekannten strammen Waden gegrapscht haben. Denn Uschi juchzte schrill auf, woraufhin ihr Verlobter, Egon Glasow, der als freiwilliger Feuerwehrmann in der ersten Stuhlreihe Dienst tat, durch den Saal hechtete, dem neben Uschi sitzenden Traktoristen Jumbo Krause an die Wäsche ging und schrie: „Komm ma mit raus!" Eifersucht natürlich!

Die beiden also raus. Sie hatten sich auch schon schön zurechtgestellt, als unser Parteisekretär hinterhergeschossen kam und brüllte: „Egon, du als Genosse solltest dich was schämen – und Jumbo, von dir als Parteilosem hätte ich mehr Bewußtsein erwartet!" Dadurch wurde ein feiner Halbschwergewichtskampf im Keime erstickt und Egon und Jumbo der Kulturabend verekelt. Sie gingen gar nicht mehr in den Saal zurück, sondern in die Gaststube.

Dort schluckten sie ihre Wut und etliche Lagen in sich hinein, kamen sich menschlich näher und beschlossen, ihre Kräfte auf höherer Ebene zu messen. Sie machten zwei Traktoren und zwei Schälpflüge flott und zogen ins Feld.

Zwei Tage später stand unsere LPG wieder in der Zeitung. Gelobt. Wegen hundertprozentiger Schälfurche und kameradschaftlichen Umpflügens der halben Nachbar-LPG.

Der Zeitungsmensch betrachtete das als Erfolg seiner Kritik von neulich. Laß ihn.

Hauptsache, wir selbst wissen, daß die Wurzeln viel tiefer liegen. Nämlich in der Kunst und Musik, wo uns solche Evergriens wie der Surabeier Schonni auch heute noch ansprechen und eine große Effektivität erzielen, im Hinblick auf die Schälfurche und Versorgung der Bevölkerung mit hochwertigem Imbiß.

Benno
und Lenin im Oktober

„Guten Tag", sagte Benno Blaschke und sah den Mitgliedern des Prüfungskollegiums nacheinander fest in die Augen. Ziemlich blaß, die Typen, dachte er. Möchte bloß wissen, warum? Der ganze Film ist doch so gut wie gelaufen, und außer Ronny Müller und Tina Muffland ist doch kein Schwanz eingebrochen. Aber vielleicht ist das schon zuviel? Man weiß ja nicht, was sie sich fürn Kampfziel gesteckt haben. Mein Gott, jetzt haut sich Fräulein Mirschel noch ne Dröhnung rein. Die hat doch vorhin in der Pause schon ein Pfund Tabletten geschluckt. Ob die überhaupt noch durchsieht? Außerdem könnte sie sich ein bißchen straffer hinsetzen. Hat doch was zu zeigen, die Mutter. Jetzt grinst se krampfhaft. Armes Huhn. Schade, daß man nicht so kann, wie man möchte. Na schön, ich glaube, der dicke Bombach willn Satz ablassen. Was sagt er? Ob ich präpariert bin? Ein Komiker vor dem Herrn! Hat mich doch selber präpariert. Gespickt sagt man wohl ja nicht. Immer sauber bleiben. Also, dann wolln wir mal. Ich werds kurz machen. Die Fans haben sicherlich schon ganz schönen Knast in den Röhren.

Benno Blaschke räusperte sich kurz und trocken, schlug die Beine übereinander und begann:

„Lenin im Oktober. Als Lenin auf dem Bjelorussischen Bahnhof ankam, hatten sich die Dekabristen und die anderen Mitglieder der Duma vollzählig zu seiner Begrüßung eingefunden. Immer wieder erscholl der von rhythmischem Klatschen begleitete Kampfruf ‚Aus dem Funken wird die Flamme schlagen!'. Lenin wehrte bescheiden ab, bestieg das sprichwörtliche Panzerauto und appellierte an die Putilowarbeiter, unverzüglich die Elektrifizierung des ganzen Landes in Angriff zu nehmen, denn das zaristische Rußland war ein Völkergefängnis. Darauf fuhr Lenin zum Winterpalais und leitete von dort den Sturm auf den Smolny, nachdem die Schüsse auf der Newa das Eis des Schweigens gebrochen hatten. Die Revolution ergriff dann auch die Massen, weil sie das schwächste Kettenglied gefunden hatten und mit Disziplin und den vier Faktoren der Überlegenheit ausgerüstet waren. Hinzu kam, daß sich an den Fronten eine Kriegsmüdigkeit zeigte. Mit dem Appell an alle, an alle, an alle wurde dann der Boden denen zugeführt, die ihn bearbeiten, und die Partisanen vom Amur jagten die Kulaken bis zum Stillen Ozean. Zusammenfassend kann man sagen, daß Lenin als kollektiver Organisator, Agitator und Propagandist speziell in diesen Oktobertagen mächtig einfetzte, so daß wir heute in einer Epoche leben, die gekennzeichnet ist vom weltweiten Übergang des Kapitalismus in den Sozialismus. Ich danke für die Aufmerksamkeit."

Benno Blaschke erhob sich und verließ mit nettem Gruß den Prüfungsraum. Bei der Beratung wollen sie sicherlich unter sich sein, dachte er.

An der Tür schaute er sich noch einmal um und war leicht erschrocken über das Bild des Jammers, das sich ihm bot. Fräulein Mirschel lag mit dem Oberkörper auf dem Tisch und stopfte sich eine Tablette ins Ohr. Der dicke Lehrer Bombach versuchte seinen Schlips zu zerbeißen, Studienrat Knippling warf sich pausenlos Zigaretten über die Schulter und sang dazu das Sandmännchenlied. Und Direktor Timmermann hielt seine Taschenuhr in die Blumenvase und murmelte: „Wir verlesen jetzt die Wasserstandsmeldungen und Tauchtiefen."

Benno Blaschke schloß leise die Tür von außen, setzte sich ins Flurfenster und steckte sich erst mal eine an. Die Mitschüler umringten ihn. Die üblichen Fragen.

„Alles okay", sagte Benno. „Ich hatte nicht einen Hänger. Aber die Typen sind von der ganzen Prüferei schon so mürbe, ich glaube, die haben bloß die Hälfte kapiert."

Dann wurde Benno wieder hineingerufen.

Fräulein Mirschel saß straff und gut geformt und lächelte. Der dicke Bombach hatte seinen Schlips korrekt gebunden und lächelte. Studienrat Knippling steckte die letzte Zigarette in die gut gefüllte Schachtel und lächelte. Direktor Semmelmann trug seine Uhr wieder in der Westentasche, lächelte und sprach: „Lieber Benno Blaschke. Du hast einen entscheidenden Fehler gemacht: Die von dir gebrauchte Formulierung ‚Lenin fetzte mächtig ein' zeigte uns, daß du uns ein bißchen auf den Arm nehmen wolltest und deinen ganzen Vortrag gewissermaßen als heitere Conférence, als Jux abgezogen hat. Du glaubst, da du ja deinen Lehrvertrag bereits in der Tasche hast, können wir dir auch mit der schlechtesten Note nicht mehr die Suppe versalzen.

Das ist vom moralischen Standpunkt so schäbig, daß wir fast geneigt waren, dich entsprechend schlecht zu benoten.

Die Fülle der schelmisch durcheinandergewirbelten konkreten Fakten, Begriffe und im weitesten Sinne sogar Zitate, mit denen dein Vortrag durchsetzt war, zeigte uns jedoch, wie gut du eigentlich im Stoff stehst, und wir kommen trotz deines ungehörigen Schülerstreichs nicht umhin, deine Leistung mit gut zu bewerten und dir zur bestandenen Prüfung zu gratulieren. Herzlichen Glückwunsch, lieber Benno."

Auf dem Heimweg traf Benno einen von der 26. Oberschule. Er erfuhr, daß dort drei Schüler durchgefallen waren.

„Bei uns bloß zweie", sagte Benno. „Da stehn unsere Lehrer statistisch besser da. Fetzt ein!"

Und er merkte wieder nicht, daß er mit dieser Formulierung nahe daran war, aus seinen Worten einen Jux zu machen.

Abwechslungsreiche
Kost

können Sie mühelos und auch ohne großen finanziellen Aufwand zu sich nehmen. Essen Sie täglich Gulaschsuppe – jeweils in einer anderen Gaststätte. Sensationelle Überraschungen!

Vater und Sohn

„Wann warst du denn eigentlich das letzte Mal beim Friseur, Junge?"
„Als du dir selber die Schuhe geputzt hast, Vater!"
„So siehste auch aus, du Lümmel!"

Patentlösung

„Stimmt es, Hermann, daß du Silvester mit deiner Frau und deiner Freundin unter einem Dach verleben willst?"
„Na klar.
Wir feiern in der Kneipe."

„Ick gloobe, dir wer'nse noch mal Ölfriede nennen!"
„Macht ja nüscht, Ölvira!"

Zu spät erkannt

1 mit schlechtem Durchschnitt

„Das ist der Gipfel", schrie Herr Luchspuschel und haute mit der Faust an der Nasenspitze seines Sohnes vorbei knallhart auf den Tisch. „Mit einer Durchschnittszensur von 2,3 willst du Klavierstimmer werden?"

„Aber ich habe in Musik eine Eins", stotterte der Sohn.

„Na und!" brüllte der Vater. „Das macht den Kohl auch nicht fett! Mit 2,3 haste dir alles verhunzt, du Faulpelz!"

Vor Aufregung bekam Herr Luchspuschel eine Gallenkolik. Er mußte ins Krankenhaus. Man stellte Steine fest.

Die Operation verlief reibungslos. Bald war Luchspuschel wieder im Kreis seiner Lieben.

„Der Professor hat mich selbst operiert", erzählte er. „Aber eigentlich hätte ers gar nicht machen dürfen. Ich habs leider erst hinterher erfahren. Er hatte als Student einen Durchschnitt von 2,1."

Altes Märchen – neu erzählt
Rotkäppchen

Oma Macht Alles

Weibliches Schulkind schleppt Kuchen und Alkohol durch den Wald zu verwandter Rentnerin. Räuberischer Vierbeiner überlistet Kind und Oma, und erst bewaffnetem Organ gelingt es, Ordnung und Sicherheit wiederherzustellen.

Moral: Hast du die Oma nicht im Hause, haste nischt wie Huddelei.

Straßenbekanntschaft

„Guten Tag", sagte der freundliche Herr freundlich. „Zur Schillerstraße sieben, bitte."
Der freundliche Taxifahrer sagte nichts. Aber er fuhr freundlich los. Der Motor schnurrte freundlich, und schon war man am Ziel.

„Sechs Kilometer", brummelte der Fahrer und sagte dann laut: „Macht Fünfdreißig."
Der feundliche Herr gab sechs Mark und sagte: „Stimmt so."
„Danke", murmelte der Fahrer ziemlich freundlich.
Da fragte der freundliche Herr ganz sachlich: „Sie nehmen also an?"
„Was?" fragte der Lenker.
„Na, siebzig Pfennig Trinkgeld für sechs Kilometer."
„Sie hams mir doch gegeben", rief der Fahrer gar nicht sehr freundlich.
„Natürlich. Sie sollns ja auch behalten", sagte der freundliche Herr. „Aber dann bekomme ich von Ihnen siebzig Mark, bitte schön."
„Sach mal, willste mir auf die Nudel schieben?" rief der Fuhrmann. Das vertrauliche Du war Ausdruck höchster innerer Erregung.
„Keineswegs", antwortete der freundliche Herr deshalb besonders freundlich. „Die Sache ist nur die: Sie waren in diesem Jahr einmal in Zittau und zweimal in Spremberg. Sicherlich haben Sie dort Verwandte."
„Was gehtn Sie das an?"
„Gar nichts, natürlich. Aber es sind insgesamt sechshundert Kilometer. – Sie nehmen für sechs Kilometer siebzig Pfennig Trinkgeld. Das macht bei sechshundert Kilometern siebzig Mark. Ist doch klar, nicht wahr?"
„Sind Sie meschugge?" brüllte der Fahrer.
„Nein, Müller", antwortete der freundliche Herr, „Erwin Müller. Der Lokführer."

Drittes Kapitel   Haus und Hof

„Altbauten sind Häuser, in denen noch jeder jeden grüßt." *Hugo Krauseminze* (Mieter)

LILOMAUS

du denkst noch oft an Vitte,
wo du zur Sommerzeit mit mir gewesen bist.
Träumend lenkst du heut noch deine Schritte
dorthin, wo der Segler-Hafen ist.

Doch daß dich nicht der Boote Schönheit lockte,
Schatz, habe ich von Anfang an gewußt.
Dich zog der Kerl, der auf der „Windsbraut" hockte,
mit seinem Kilo Wolle auf der Brust.

Du weißt, daß ich dir keinen Flirt verwehre,
ich habe ja auch drüberweggeschaut,
als dir beim Anblick dieses Tigers aller Meere
die Bluse enger wurde und die Haut.

Wie gerne wärest du auf wilden Wogen
mit ihm geschaukelt, auf und nieder, lange Zeit.
Da hab ich dich vom Bootssteg weggezogen
und sagte nur: Jetzt geht der Scherz zu weit!

Du blicktest noch zurück ein wenig lüstern
und glaubst noch heut, du hast etwas verpaßt.
Bei ihm bestimmt nicht, Kind. Ein Mäuschen tat mir flüstern:
Dem bricht schon bei dem kleinsten Sturm der Mast.

Unser Schief

Nach der Grätsche

kam der Angriff

Beim gestrigen Geräteturn-Vergleichskampf zwischen dem SC Barrenbusch und dem TSC-Ringewald kam es erneut zu schweren Ausschreitungen von seiten der Zuschauer.

Bereits eine halbe Stunde vor Beginn der Wettkämpfe glich die riesige Turnhalle einem dampfenden Hexenkessel.

Das vieltausendstimmige Konzert der Autohupen, Signalhörner, Trompeten, Rasseln, Glockenspiele, Trommeln und Pauken ließ die Wände erzittern und versetzte sogar die Ringe und Barrenholme in leichte Schwingungen.

Als die beiden Mannschaften die Halle betraten, schwoll der Lärm zum Orkan an. Immer wieder dröhnte aus tausend urigen Kehlen der von rhythmischem Klatschen begleitete Schlachtruf:

Dara-dara-dara-ra,
he he he – hau ruck!

Vor dieser Stimmungskulisse liefen die Übungen an den einzelnen Geräten dann im großen ganzen recht zügig und reibungslos ab. Vereinzelte Würfe mit Bierflaschen nach dem Punktrichterkollektiv wurden von diesen ehrenhaften Damen und Herren mit Gleichmut getragen, zumal die Würfe schlecht gezielt waren und keine nennenswerten Verletzungen auftraten. Als jedoch der krummbeinige, aber relativ elegant turnende Atze Schwüngel nach zwölffacher Riesenwelle und einem kombinierten Auerbach-Grätschabgang vom Hochreck nur lumpige 9,2 Punkte erhielt, ging der Tumult los. Die Zuschauer brachen, mit Ausnahme einiger Gehbehinderter, lawinenartig von den Sitzbänken herunter aufs Parkett der Halle, benutzten die Vereinsfahnen als Hieb- und Stichwaffen, rissen die Holme von den Barren, bogen die Reckstange zum Korkenzieher und zerschnitzten die Sprungmatten in kartoffelchipgroße Stücke. Der in Sportkreisen nicht unbekannte Brauereiauto-Beifahrer Kalle Wummisch benutzte sogar einen Saalordner als Rammbock, um sich eine Gasse frei zu schlagen.

Erst einem zufällig des Wegs kommenden Panzerregiment gelang es, mit einigen Warnschüssen Ruhe und Ordnung herzustellen. Trauriges Fazit dieses Vorfalls: Die Turnhalle wurde vom Präsidium des Geräteturnvorstands sowie von der Baupolizei für ein bis zwei Jahre gesperrt.

Funzel fragt: Mußte es so weit kommen? Wann endlich wird mit dem rowdyhaften Krawallieren bei Turnveranstaltungen oder bei Leichtathletik, Fecht- und Tenniswettkämpfen sowie bei Schachturnieren Schluß gemacht?

Es ist höchste Zeit, daß auch bei diesen ruppigen Sportarten endlich jenes kulturvolle, sozialistische Niveau einzieht, wie es auf unseren Fußballplätzen seit langem in so beglückender Art zu verzeichnen ist. Sport frei.

Der mürrische Alfred

Viele Kollegen mögen Alfred nicht sonderlich.
Obwohl er weder faul ist noch pfuscht. Im Gegenteil. Er ist emsig wie eine Biene, und was er macht, ist fehlerfrei und tadellos. Trotzdem haben die Kollegen Schwierigkeiten mit ihm.
Denn er ist ein verdammt mürrischer Hund.
Sagt Karl, der sich immer etwas derb ausdrückt.
Die anderen lassen den Hund weg. Aber ihr Urteil ist das gleiche. Womit sie recht haben.
Alfred kriegt den ganzen Tag kaum den Mund auf. Und wenn er mal die Zähne auseinanderklappt, brubbelt und blubbert er um sich rum wie der Seewolf aus dem Film „Der Seewolf". Das können Sie sich ja vorstellen.
Komischerweise: Mich mag er. Auf seine Art natürlich.

„Na, du alte Träne – trinken wir'n Bier zusammen?"
Oder:
„Wo hastn wieder dieses dolle Hemde her? Paßt doch gar nicht auf deinen Spitzbauch."
So redet er mit mir.
Gestern, kurz vor Feierabend, sagte er: „Ich hab neu tappziert."
Ich sagte: „Nanu? Ich denke, du wohnst draußen in dem Neubauviertel. Und noch nicht mal ein ganzes Jahr."
„Is ja auch nicht, weil die alte Tapete alt war. Gefiel mir bloß nich. Außerdem, der Mensch braucht Abwechslung."
Und nach einer großen Pause: „Kannst ja mal mit rauskommen. Ankucken. Hab auch noch ne Flasche Doppelkorn rumliegen." Also fuhr ich mit.
Die Straßenbahn brauchte sehr lange.
Zunächst durch die halbe Innenstadt. Alfred hockte auf seinem Sitz und trat sich fast auf die Mundwinkel.
Ab und zu stieß er mich an und sagte etwas.
„Da is'n Kino."
„Da spielnse Fußball. Alte Herren."
„Fanny's Biertunnel. Mit Gesellschaftszimmer."
„Hallenbad. Mit Russisch-Römisch."
Dann sagte er nichts mehr. Denn es kam nichts mehr.
Weder Kino noch Sportplatz, noch Kneipe mit Gesellschaftszimmer, noch Hallenbad.
Es kam das Neubauviertel.
Wir stiegen aus – und Alfreds Mundwinkel zogen sich Millimeter um Millimeter in die Höhe.
Er lächelte.

Er lächelte wie Johannes Heesters in seinen unwiderstehlichen Jahren.
Plötzlich zog er den oft bewitzelten dürren Hut und grüßte charmant hinüber zur anderen Straßenseite.
Dort lief ein ungeheurer Busen mit ungeheuren Beinen. Kuck an, der Alfred, dachte ich. „Nicht, was du denkst", brubbelte Alfred. Und er brubbelte mit hochgezogenen Mundwinkeln.
Eine alte Dame wollte gerade ihren Rollfix samt Einkaufstasche die Bordsteinkante hinaufheben. Das hätte sie nicht tun sollen. Denn Alfred hechtete auf sie zu, riß ihr das Gerät aus den Händen und schrie, rot vor Erregung: „Aber, das ist doch nichts für *Sie*, Madamm! Noch sind *wir* da!"
Und er hob den Rollfix mit unnachahmbarer Geste auf den Fußweg und setzte ihn zart und sanft aufs rauhe Pflaster. Dann lüftete er wieder den Hut und eilte beschwingt weiter.
„Wir müssen noch schnell in die Kaufhalle. Korn ohne Bier rutscht nicht."
In der Halle war nicht mal mehr ein Stehplatz frei. Das Neubauviertel ist sehr groß. Aber wir kämpften uns bis zu den Bierkästen durch. Ich war zuerst da. Alfred brauchte länger. Denn er hatte viel zu tun.
Er grüßte nach links, lächelte nach rechts, zwinkerte nach vorn und winkte nach hinten. Und jedesmal wurde mit leicht fragendem, überlegendem, aber immer mit lächelndem Gesicht zurückgegrüßt, zurückgezwinkert und zurückgewinkt.
Draußen, auf der Straße, konnte ich nicht mehr an mich halten.
„Kennst du denn all diese Leute?" fragte ich.

„Eben nicht", blubberte Alfred. „Das ist ja das Problem. Man muß bei jedem damit rechnen, daß er mit einem im selben Haus wohnt. Und will man vielleicht als Muffel gelten, der ohne Gruß und Anstand durchs Gelände stampft? Hä?"
„Natürlich nicht", antwortete ich eilfertig. Denn ich merkte, daß er sich erregte. Trotzdem wagte ich noch eine Frage.
„Wieso weißt du eigentlich nicht, wer mit dir unter einem Dach wohnt?"
„Weil wir zusammenwohnen, aber nicht zusammenkommen. Die Kommunikationsmöglichkeiten sind nicht gegeben. Weder gesellschaftszimmermäßig noch russisch-römisch. Verstehste?"
Ich verstand, obwohl mir Alfreds Sprachstil plötzlich etwas merkwürdig vorkam. Aber ich dachte mir, vielleicht ist das im Neubauviertel eben auch anders als sonstwo.
Außerdem dachte ich noch: Wieso ist er im Betrieb so mürrisch? Ich erklärte mir das so: Er muß auch mal ausruhen. Er hat mal erzählt, hier draußen wohnen achtzigtausend Menschen. Und immer alle anlächeln, weil man ja nicht weiß..., das strengt an.
Vor Alfreds Haustür stand ein Möbelwagen. Ein junges Paar machte sich gerade an einer mächtigen Stehlampe zu schaffen. Alfred hielt mich fest. „Wart mal 'n Moment."
Dann ließ er mich los und ging mit mir an dem jungen Paar vorbei ins Haus. Grußlos.
„Warum grüßt'n nicht?" fragte ich.
„Haste nich gesehn? Die laden auf! Also ziehn se aus! Und ich kann ja nicht auch noch Leute aus anderen Stadtbezirken grüßen!"

69

DAS DRAMA
an der Kiesgrube

Man hörte ein leises Stöhnen und Wimmern.

Der große Dunkelhaarige mit der brandroten Narbe auf dem Rücken schaute sich verstohlen nach allen Seiten um. In seinem Blick lag gnadenlose Härte, aber da war auch ein leichtes Flackern, ein Anflug von Angst. Wurde er beobachtet? Nein. Nichts deutete darauf hin. Mit nerviger Faust zog er die alte Decke noch fester zusammen. Das stöhnende Etwas unter der Decke wand und krümmte sich. Es bäumte sich auf und sackte jäh wieder zusammen.

Keuchen. Schnaufen. Der Dunkelhaarige schwitzte. Kleine Rinnsale flossen den muskulösen Rücken hinunter.

Da faßte der Mann mit rohem Griff unter die Decke, bekam etwas zu packen, riß und zerrte, stauchte und quetschte.

Zwischen seinen harten, dünnen Lippen preßte er die Worte hindurch: „Na, also!"

Dann schlug er die Decke auseinander. Ein kleines, molliges Frauchen kniete auf dem Grasboden und rief schluchzend: „Jäzz hasde mirn Träcger zerrissn!"

Da zischte er zurück: „Ich hab dersch ja gleich gesacht. In dein Alder noch Pikini!"

Doch plötzlich quietschte sie: „Ach nee! Er ist noch heile!"

„Na siehsde", sagte er und lächelte ein gutes, jungenhaftes Lächeln. Dann faßten sie sich bei der Hand und stiegen über hundert Leiber hinweg zum See hinunter.

Das Umziehen war geglückt.

Und anständig.

BOXER
entlaufen!

Abzugeben bei Susi Lehmann,
Ackerstraße 13,
oder beim TSC.

„Da haben die Leute über ein DEFA-Lustspiel aber wirklich mal Tränen gelacht!"

Limerick

Es war mal ein Mädchen
aus Gera,
das liebte ganz heiß
seinen Lehra.
Doch sagen *wollte* sies nicht,
schreiben *konnt* sie noch nicht.
Die Erotik
wird auch immer schwera!
Die Erotik
wird auch immer schwera!

Bewegungsarmut ist die Quelle vieler Beschwerden: Besonders für Leute, die nicht körperlich arbeiten. Unter diesen haben es die Kollegen vom Automobil-Salon noch am besten. Sie können wenigstens ständig mit dem Kopf schütteln.

Sonntagmorgen

„Mutter, Vater rasiert sich!"
„Soso, da wird er wohl heute nicht mit uns frühstücken, sondern gleich zum Frühschoppen gehen."

Altes Märchen – neu erzählt

Die Prinzessin auf der Erbse

Überzarte Dame aus besseren Kreisen reagiert sauer auf gepolsterte Hülsenfrucht.

Moral: Wer tagsüber keine richtige Arbeit hat, den stört nachts die Falte im Nachthemd.

PICKNICK
im Walde

Meine Frau raucht auch. Und nicht schlechter als ich. Wir haben auch häufig Gäste. Alles Raucher. Andere würden es nicht überstehen.
Die Tapete unseres Wohnzimmers war vor zwei Jahren zart gelb, vorige Woche kaffeebraun. Und wir kochen keine Schmunzelbrühe!
Kurz und gut, die Bude war fällig.
Das Tapetengeschäft gerammelt voll. Von Menschen. Die Anzahl der Tapeten war nicht ganz so groß, aber es gab fast dreißig Sorten.
Die Industrie stellt ein paar hundert Sorten her, habe ich in der Zeitung gelesen. Der Leiter des Tapetengeschäfts liest wahrscheinlich nur das „Sport-Echo".
Meine Frau fand trotzdem etwas Passendes. Auch, was den Preis betraf. Da sah ich plötzlich diese Dinger. Übermannshoch und einen guten Meter breit. Auf dem einen war ein blühender Kirschzweig, auf dem anderen ein Birkenwäldchen mit einem schmalen Weg, der nach hinten immer enger wurde und schließlich hinter einem Gebüsch nach rechts abbog.
„Was ist das?" fragte ich die Verkäuferin.
„Das sinn Dierfohdohs", sagte sie.
„Aber es sind ja gar keine Tiere drauf!"
„Fier de Flur- und Stupendiere!" rief sie und beschoß mich mit einem ungeheuer verächtlichen Blick.
„Ach so", murmelte ich und frage meine Frau: „Gefällt dir so was?"
„Nein", meinte sie.
Daraufhin kaufte ich das Birkenwäldchen mit dem schmalen Weg.
Unser Flur ist nicht sehr lang, aber immerhin länger als breiter. An der Stirnseite, von der Wohnungstür aus gesehen, ist ein Einbauschrank. Dort haben wir das Bettzeug drin und allerlei anderen Krempel.
Ich klebte das Birkenwäldchen an den Einbauschrank. Die Wirkung war verblüffend.
Betrat man nun die Wohnung, glaubte man, am Anfang eines romantischen Waldweges zu stehen, der sich durch einen Birkenhain schlängelt und in der Ferne rechts hinter einem Gebüsch im Schlafzimmer verschwindet. Auch meine Frau fand die Sache ganz putzig. Sie ist nämlich sehr naturliebend, hat nur etwas gegen die weit verbreitete Fotografiersucht. Aber die Orientierungswanderungen, die unsere Heimatzeitung regelmäßig veranstaltet, macht sie ebenso regelmäßig mit. Deshalb gefiel ihr nun wohl auch der Weg durchs Birkenwäldchen.
Aber mich störte etwas. Die Illusion hatte einen Haken. Einen optischen Knick oder, wenn man so will, Stilbruch.

Die alberne Streifentapete unseres Flurs ging nicht nahtlos ins Birkenwäldchen über. Man mußte von der Wohnungstür aus zu lange laufen, bis man in der Natur war.

Ja, wenn der ganze Flur von vorn bis hinten mit Birken beklebt wäre, sähe die Sache anders aus: Man kommt nach Hause, schließt die Tür auf und steht im Wald. Jetzt ahnen Sie schon etwas?

Jaja, aber so einfach war das nicht.

Ich klapperte alle einschlägigen Geschäfte ab.

Alle Birkenwäldchen-Fotos waren gleich.

In der Mitte der Weg, der nach hinten immer schmaler wird und schließlich hinter einem Gebüsch nach rechts abbiegt. So etwas kann man natürlich nur an die Stirnseiten kleben. Die gleichen Bilder links und rechts den Flur entlang würden den Effekt einer großen Waldlichtung ergeben, von der nach allen Seiten Wege abgehen. Man käme sich irgendwie hilflos, wenn nicht sogar verirrt vor und könnte vor allem nachts beim gedämpften Flurlicht auf dem Gang zur Toilette Angstzustände bekommen.

Also mußten einzelne Bäume her. Wald ohne Weg.

Um es kurz zu machen: Ich hatte Glück.

Nicht in Berlin, aber in Spremberg, wohin mich eine berufliche Angelegenheit führte. Dort stieß ich im Warenhaus auf Mischwald. Birkenwäldchen hatten sie nicht. Aber in diesem Mischwald kam auch etwas Birke vor, so daß ich überzeugt war, er würde in unseren Flur passen.

Außerdem kaufte ich noch einen Blick von der neuen Dresdner Elbbrücke, unter der gerade ein Fahrgastschiff mit fröhlich heraufwinkenden Menschen hindurchfährt.

Das Dampferfoto klebte ich an eine Wand der Duschecke unserer Toilette. Natürlich überpinselte ich es noch mit Latex. Wegen der Feuchtigkeit. Von nun an war das Duschen jedesmal ein Erlebnis. Ich glaubte stets, in strömendem Regen auf der Elbbrücke zu stehen und konnte mich nicht genug freuen über die prächtigen Menschen auf dem Schiff, die trotz des miesen Wetters fröhlich und optimistisch zu mir heraufwinkten. Bald hatte ich mir ihre Gesichter alle eingeprägt. Den Dünnen mit der auffällig großen Hakennase habe ich neulich sogar mal im Warenhaus am Alexanderplatz getroffen. Er tat aber, als kenne er mich nicht. Was mich nicht wundert, denn die Blondine, die er zärtlich am Händchen hielt, war wessentlich knackiger als das untergehakte Muttel auf dem Dampfer.

Doch das nur nebenbei.

Zurück zum Flur.

Waren Sie schon mal auf dem Darß oder im Thüringer Wald? Können Sie glatt vergessen, wenn Sie gelegentlich einen Blick in meinen Flur werfen.

Das ist ein Wald, wie er im Bilderbuch steht. Natur plus Fotokunst. Mit einem Wort: Kein schöner Land in dieser Zeit.

Ich habe ihn auch etwas mit Fauna durchsetzt. Auf der Rotbuche an der Stubentür hockt eine prächtige ausgestopfte Eule, und aus dem Haselnußstrauch neben der Toilettentür lugt ein Rehkitz. Es ist ziemlich klein, denn ich habe es aus dem „Bummi" ausgeschnitten.

In der NBI war mal ein größeres. Doppelseitig. Als Poster mit der Jimmy-Wood-Combo drumrum. Und diese Jungs haben alle einen leichten Schim-

pansen-Look. Musikalisch sind sie ja nicht schlecht, aber in meinem Wald möchte ich ihnen nicht begegnen.
Vorigen Freitag rief ich meine Freunde an. Ernst, Manne, Elli und Antek sowie Horst und Reni.
„Morgen läuft ein Ding", sagte ich. „Picknick im Walde! Wir treffen uns 19.30 Uhr vor unserm Haus!"
Lediglich der schlaue Manne sagte: „Zu dieser Jahreszeit ein Picknick? Und dazu noch nachts? Warum denn nicht am Tage?"
„Tagsüber muß meine Frau die Wohnung säubern und den Flur harken."
„Wieviel hastn heute schon wieder genascht?" rief Manne und kicherte anzüglich.
Aber er sagte zu.
Am nächsten Abend versammelten wir uns alle vor unserm Haus. Antek war im Lodenmantel erschienen, und Elli trug Gummistiefel, denn es nieselte.
„Wolln wir nicht lieber in deiner Wohnung picknicken?" fragte Reni. „Wir holen uns ja sonst alle die Grippe."
„Wie ihr wollt", sagte ich. „Kommt hoch."
Als sie die Wohnung betraten, standen sie wie vom Donner gerührt. Meine Frau hatte die grüne Flurlampe angeschaltet, und aus der Stereoanlage im Wohnzimmer erscholl der Jägerchor aus dem Freischütz. „Ich glaub, mich knutscht ein Elch", schrie Ernst. Er hatte sich als erster gefangen und brach den Bann der Ergriffenheit. Ein riesiger Tumult begann. Alle quirlten durcheinander, beklopften die Bäume, streichelten das Reh, tippten der Eule an den Schnabel, und Antek versuchte sogar, seinen

Lodenmantel an einen Ast der Rotbuche zu hängen.

„Garderobe dort hinter die Krüppelkiefer", rief meine Frau. „Und die Gummistiefel nicht ins Gebüsch, sondern auf die Toilette in die Duschecke! Die Toilette ist hinter der Rotbuche mit dem Herzchen!"

Elli verschwand hinter der Buche. Als sie wieder hervorkam, rollte ihr eine Träne übers Gesicht. „Onkel Max", schluchzte sie. „Vorige Woche haben wir ihn begraben, und hier fährt er quietschvergnügt aufm Dampfer und winkt sogar."

Verflucht noch mal. Wer hätte das geahnt!

„Kinder", rief ich, „das Leben geht weiter! Laßt uns einen zur Brust nehmen. Prosit. Schirijoh!"

Wir breiteten ein paar Decken aus, hockten uns hin und ließen die Gläser klingen. Es kam Stimmung auf.

Elli fing an, recht derbe Witze zu erzählen, die sie von Onkel Max geerbt hatte. Meine Frau servierte Mittitei, frisch aus der Bratröhre. Ich versprühte Tannenspray. Gegen den Knoblauchduft. Dann legte ich die Stimmungsplatte auf. „Denn im Wald, da sind die Roheuber, halli hallo, die Roheuber..."

Beim Kasatschok fiel die Eule herunter.

Ich trug sie in die Küche und legte sie in die Bratröhre. Meine Frau sagte: „Trink nicht so hastig!" und setzte sie wieder auf ihren Ast. Antek hatte sich eine Flasche Wurzelpeter mitgebracht.

Als er keinen Tropfen mehr herausbekam, den Arm hob und sang: „Er nahm die Büchse, schlug sie an ein' Baum", riß ich ihm die Buddel aus der Hand und versuchte, sie zu vergraben. Horst hatte unser Brotmesser aus der Küche geholt und begann ein Herz in die Rotbuche zu schneiden. Ich legte schnell seine Lieblingsplatte „La Paloma" mit Hans Albers auf und rettete den Baum.

Antek machte plötzlich einen Heidenkrach, weil seine Frau Elli sich weigerte, mit ihm Brüderschaft zu trinken.

Ernst schlichtete den Streit mit dem genialen Vorschlag, eine Treibjagd zu veranstalten. Wir schleppten alle verfügbaren Topfdeckel zusammen und stolperten mit mörderischem Krach durchs Unterholz.

Manne stieß dabei mehrmals den Hetzruf aus: „Hussassa, pack die Sau!"

Da kopfte es an die Wohungstür. Ich öffnete und rief: „Weidmannsheil, Herr Oberförster."

Aber der Grüne war unser ABV. Er stellte sich mit Namen und Dienstgrad vor, obwohl ich ihn genau kenne. Dann sagte er uns die genaue Uhrzeit und seine Meinung. Ich versuchte gegenzuhalten. Aber er hatte die besseren Argumente.

„In Ordnung", sagte ich. „Ich blase jetzt zum Halali."

„Unterstehen Sie sich", rief er. „Sonst sind Sie die Trompete los und ein bißchen Taschengeld!" Dann ließ er seinen Blick noch kurz durch unseren Flur schweifen, schüttelte den Kopf und ging mit kurzem Gruß.

„Ein anständiger Kerl", sagte ich. „Es hätte teuer werden können."

„Wegen dem bißchen Krach?" krähte Antek.

„Quatsch", sagte ich. „Deshalb doch nicht. Aber er hat großzügig übersehen, daß wir alle im Wald geraucht haben!"

Arme Oma

Meine Oma fährt im Hühnerstall Motorrad.
Meine Oma macht das schon seit eh und je.
Und der Grund ist nicht nur der, daß sie Humor hat,
nein, der Grund ist auch: Sie wohnt nicht an der See.

Denn wo Oma wohnt, da ist fast keine Landschaft,
und dort sagen sich die Füchse gute Nacht,
und noch niemals hat ein Urlauber Bekanntschaft
mit dem kleinen Nest, wo Oma lebt, gemacht.

Wohnte Oma an der See, ich möchte wetten,
wär der Motorsport dahin mit Sang und Klang.
Denn dann ständen in dem Hühnerstall vier Betten,
und die Oma hätt ein Konto auf der Bank.

LILOMAUS

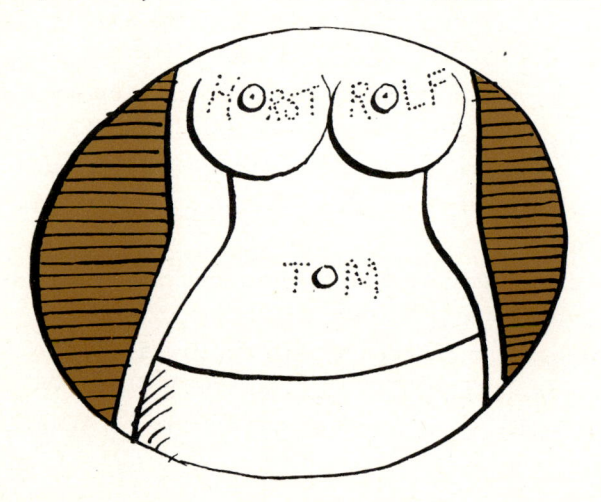

ich bin bestimmt
ziemlich tolerant.
Doch mir scheint, seit kurzem nimmt
etwas überhand,
was man grobe Scherze nennt.
Drum glaub mir, liebste Maus:
Wenns sein muß, bin ich konsequent.
Dann ist der Ofen aus.

Voller Sehnsucht rief ich dich
gestern abend an,
fragte leise: „Liebst du mich?"
„Ja, du wilder Mann",
hast du voller Glut gesagt,
ich habs, wie stets, geglaubt.
Doch hinterher hast du gefragt:
„Wer spricht da überhaupt?"

Meier Motzen
schwer geknickt

Nun liegt der 8. März schon wieder ein Stück hinter uns. Aber wohl ein jeder Mann bewahrt noch jetzt im Herzen Erinnerungen an schöne, frohe Feierstunden, an rührende Aufmerksamkeiten, zu denen sich selbst Kollegen, die als rauhe Gesellen bekannt sind, mit Begeisterung hinreißen ließen. O ja, es war wieder einmal schön. Doch nicht für Meier-Motzen, den bekannten Preisträger! Er hatte im engsten Familienkreise ein derart deprimierendes Erlebnis, daß er selbst heute noch mit leicht verstörter Miene herumstolpert.

Was geschah?

Bereits einen Tag vorher hatte sich der bekannte Preisträger vorgenommen, am 8. März seine liebe Ehefrau wieder einmal richtig zu verwöhnen und mit Artigkeiten zu überhäufen. Deshalb stand er auch an jenem Tag als erster auf. Er bereitete ein Wannenbad mit Schaumbad Kirschblüte vor, kochte Kaffee und Eier, deckte den Frühstückstisch und rief dann zärtlich durch den Flur: „Schatzimüpchen, aufstehen! Das Wännchen ist bereitet, und das Kaffeetischchen ist gedeckt! Huhu!"

Da steckte der halberwachsene Sohn des Preisträgers den Kopf aus seinem Zimmer heraus und sagte: „Mensch, Vadda, reiß dir zusammen. Du bist zu Hause! Wenn det nu Mutter jehört hätte!"

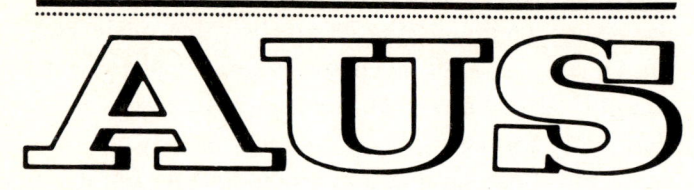

AUS
dem Leben der Land-Streitkräfte

„Sie kommen zu einer Motschützeneinheit", sagte der Herr von der Musterungskommission und lächelte höflich.
„Das ist recht", antwortete Hubert Lorchel. „Für lange wirds ja nicht sein."
„Nun, es sind immerhin anderthalb Jahre", sprach der Offizier schmunzelnd.
„Ach, glauben Sie doch das nicht", entgegnete Lorchel, zog sich die Hosen hoch und verabschiedete sich mit einer netten Verbeugung. Da lachten die Genossen herzhaft.
„Sie kommen in den Granatwerferzug", sagte der Offizier in der Kaserne.
„Das ist recht", antwortete Lorchel. „Aber drei Monate hätte ich ruhig bei den Motschützen machen können."
„Die Granatwerfer gehören zu den Motschützen, Genosse. Und etwas länger als drei Monate wirds sicherlich dauern, haha!"
„Ach, glauben Sie doch das nicht", erwiderte Lorchel und trabte zur Kleiderkammer.
Lorchel kam zu den leichten Granatwerfern. Er machte den Kanonier 3, den Kanonier 2 und den Kanonier 1. Er schleppte das Rohr, das Zweibein, die Bodenplatte – und alles, was er tat, war exakt, vorbildlich. Er baute die Empih im Schlaf auseinander und zusammen, er ölte den Lauf nicht zu stark und nicht zu schwach, er trug Kragenbinden so weiß wie Schnee und Stiefel so schwarz wie Ebenholz. Er half langsamen Soldaten beim Bettenbau, teilte seine letzte Zigarette mit einem Kettenraucher, und wenn der dicke Spieß beim Dienstsport mit Ach und Krach übers Seitpferd grätschte, murmelte er halblaut, aber gut hörbar: „Bravo!"
Kurzum, Lorchel war allseits beliebt.
Deshalb nahm man es auch nicht allzu krumm, als er eines Tages beim Marschieren anstelle des Spanienlieds „La Paloma" anstimmte. Kritischer wurde es schon, als er beim Regimentsappell den Oberstleutnant mit einem dreifachen „ahoi" begrüßte. Lediglich seine bisherige tadellose Führung bewahrte ihn vor einer kleinen Arbeitsverrichtung außer der Reihe. In einer nicht gerade lockeren Aussprache mit dem Politoffizier begründete Lorchel sein Verhalten mit der Vermutung, daß er demnächst zur Marine versetzt würde. Er räumte jedoch gleich-

zeitig ein, daß er sich offensichtlich geirrt hätte, und entschuldigte sich in aller Form.

Am nächsten Tage holte er sich aus der Bücherei das Fliegerjahrbuch und eine Broschüre über den Fallschirmsprung mit Verzögerung. Der Kompaniechef, der Lorchel eines Abends beim Studium dieser Bücher und beim Nachahmen von Düsengeräuschen antraf, schüttelte zwar leicht verwundert das Haupt, fand aber, daß solche Lektüre einem Soldaten immerhin noch dienlicher ist als beispielsweise das Magazin.

Als Lorchel jedoch kurz danach bei einer Geländeübung einem zufällig des Luftwegs kommenden Hubschrauber hinterherrannte, lauthals schrie: „Hier bin ich doch! Anhalten!" und sich dabei drei Kilometer von der Truppe entfernte, durfte er noch am selben Abend seine Schlafdecke zusammenrollen und sich vorübergehend in einem wenig gemütlichen Einzelzimmer einquartieren.

Lorchels Erklärung, daß er schon seit Wochen auf seine Versetzung zu den Luftstreitkräften warte, trug keineswegs zur Entspannung der Lage bei. Sie wurde als alberne Pöbelei aufgefaßt und brachte ihm ein wenig Urlaubssperre ein.

Da machte Soldat Lorchel von seinem Recht Gebrauch und schickte eine schriftliche Beschwerde auf den Dienstweg. „An den Minister für Nationale Verteidigung. Sehr geehrter Genosse Armeegeneral! Hier ist vielleicht was los. Ich bitte höflich um eine schnelle Überprüfung unseres Regiments. Ich diene bereits ein halbes Jahr in ein und demselben Granatwerferzug. Wiederholt ließ ich meine Bereitschaft durchblicken, auch bei den See- und Luftstreitkräften auszuhelfen. Leider stieß ich dabei ständig auf Unverständnis, besonders des Offizierskorps. Können wir uns das eigentlich leisten, einen Soldaten eineinhalb Jahre lang am selben Arbeitsplatz zu halten? Ich meine nein und verbleibe mit einem dreifachen donnernden Hurra Ihr Soldat Lorchel."

Die Beschwerde erzielte beim Kompaniechef einen Volltreffer und hatte Splitterwirkung bis zum Bataillonsstab. Der Bataillonskommandeur ließ den Soldaten Lorchel anrücken und zog sich mit ihm in seine Stube zurück. Das Gespräch dauerte genau 34 Minuten und endete mit einem unmilitärischen urigen Gelächter des Majors. Der Batailloner hatte folgendes festgestellt: Soldat Lorchel hatte keine kleine Macke, sondern eine ausgezeichnete landwirtschaftliche Fachschulausbildung.

Seine Versetzungsmarotte war kein alberner Kasernenjux, sondern eine Nachwirkung des Zivillebens.

Lorchel hatte in der LPG „Löwenzahn" als Spezialist für Landmaschinen innerhalb eines Jahres als Bullenpfleger, Speichermeister, Buchhalter, Küchenchef, Getreidebeizer, Eierstempler und Kartoffelvorkeimer gearbeitet.

Aus diesem Grunde war das plötzlich geregelte Granatwerferleben für ihn eine ungeheure Umstellung.

Soldat Lorchel stellte am Ende seiner Unterredung mit dem Major den Antrag, drei Jahre als Soldat auf Zeit bei der Armee bleiben zu dürfen, da er der Meinung sei, eineinhalb Jahre genügen nicht für eine Wandlung – in seiner LPG.

Unter jungen Mädchen

„Mäcky hat mir jefragt,
ob ick'n Ballkleid habe."
„Wat haste jesagt?"
„Ob er wohl spinnt. Im Stadion
ziehts. Da jeh ick in Kutte."

Unter jungen Männern

„Ick hab jetzt eene,
die spielt Schelloh!"
„Kannsta freun.
Meine is unsportlich!"

Unter Müttern

„Unsere Ines geht jetzt
mit'n jungen Zahnarzt!"
„Geht is gut!"

Unter Vätern

„Mein Robert
geht neuerdings boxen!"
„Meiner geht tapezieren."
„Na siehste.
Beide hart im Nehmen."

Limerick

Es war mal ein Jüngling
aus Dresden,
der glaubte, er hätte
den größten.
Doch der Schnurrbart
von Heiner
war noch größer
als seiner.
Nun weint er
und ist nicht zu trösten.
Nun weint er
und ist nicht zu trösten.

„Ätsch – ich hab an der See
'n Stammplatz!"

Altes Märchen – neu erzählt

Die Bremer Stadtmusikanten

Vier verkrachten Existenzen gelingt es, durch ohrenbetäubenden Lärm ganze Räuberbande in die Flucht zu schlagen und Hausbesitzer zu werden.

Moral: Schwache Solisten können als Gruppe immer noch einen ganz schönen Reibach machen.

LILOMAUS

du rauchst nicht und du trinkst nicht,
trägst nicht Nerz und auch nicht Schmuck
mit x Karat,
wohnst auch keineswegs nostalgisch,
und du bringst nicht
große Opfer dar im Antiquariat.

Brauchst auch mangels eines Autos nicht zu tanken,
und du gehst an jeder Werkstatt stolz vorbei,
hast nicht Grund, mit fünfzig Mark
dich zu bedanken
für die allerkleinste Blinkerbastelei.

Aber dennoch ist mir manches nicht geheuer.
Gut, ich weiß ja,
du verdienst durchaus nicht schlecht.
Doch ich finde, du lebst trotzdem viel zu teuer,
und ich frage mich, wie kommst du nur zurecht?

Hat dir etwa eine gute alte Tante
einen Strumpf voll blanker Talerchen vermacht?
Hast du Fischerhäuser an der Wasserkante
und beziehst vielleicht aus Künstlerkreisen Pacht?

Denn du badest dich tagtäglich in der Wanne.
Und du weißt ja, Mausi, ich begrüße dies.
Aber jedesmal mit Schaumbad „Edeltanne"!
Also ehrlich: Hast du wirklich soviel Kies?

WIESE mit Mohn

Königskerze oder elektronische Funzel

„Verzeihung", sagte der kleine alte Herr zu dem dünnen Jüngling auf der Parkbank, „ist hier wohl noch ein Plätzchen frei?" Der Jüngling zog seine Nase aus dem Physikbuch, musterte das Herrchen mit einem schnellen Blick und sagte: „Na ja, wennse nich gleich ne Kofferheule anschmeißen. Ich brauch nämlich Ruhe."

„Oh, diese Gefahr besteht bei mir nicht."

„Verstehen Sie mich richtig. Ich hab nichts gegen die Transistoren und auch nichts gegen einen richtigen harten Beat. Aber im Moment muß ich ackern."

„Ach, ich verstehe. Ein Studiosus gewissermaßen", sagte das Herrchen.

„Nee, nee, Oberschüler und kurz vor der Prüfung. In so 'ner Lage sieht man verdammt alt aus."

„Ja, ja, per aspera ad astra."

„Was meinen Sie?"

„Ich meine ungefähr, vor den Erfolg haben die Götter den Schweiß gesetzt."

„Heutzutage heißt das: Lernen, lernen und nochmals lernen – aber es ist genau der gleiche Hammer."

Für eine Weile herrschte Ruhe. Dann sagte das Herrchen: „Ein herrlicher Sonnenschein heute. Dieses Flimmern und Flirren dort über der Wiese mit den Mohnblumen – das erinnert mich an Renoir."

„Verstehen Sie denn was von Autos?"

„Wie kommen Sie denn darauf?"

„Na, haben Sie nicht eben was von Reno gesagt?"

„Oh, Sie haben mich offenbar mißverstanden. Ich sprach von Renoir. Das war, wie Sie sicherlich wissen, einer der bedeutendsten Impressionisten mit einer hochinteressanten Technik."

„Hochinteressante Technik? Also dann müßte ich von dem Mann schon mal was gehört haben. Ich stehe ja nun wirklich im Stoff."

„Ich glaube, Sie irren sich wieder", sagte der alte Herr mit einem leichten Schmunzeln. „Ich meinte die Mal-Technik. Renoir war nämlich ein Maler. Aber dieses Gebiet liegt wohl nicht in Ihrem Interessenbereich?"

„Will ich gar nicht mal sagen, Opachen. Ich bin eigentlich allroundinteressiert. Aber man kann sich nicht verläppern. Ich habe mich nun mal knallhart auf Elektronik eingepegelt, und wenn ich Ihnen sage, daß sich alle paar Jahre das technische Wissen der Menschheit verdoppelt, dann können Sie sich vorstellen, wie man ranklotzen muß, um an der Rolle zu bleiben. Und gesellschaftspolitisch soll man nebenbei auch noch voll dasein. Das ist hart, mein Lieber!"

„Aber wichtig. Denn auch die Elektronik ist letzten Endes ein Politikum."

„Das hamse gar nicht mal schlecht gesagt. Muß ich mir gleich notieren. Was denken Sie, wie das fetzt, wenn ich so ne Losung beim nächsten Stabü-Unterricht zwischenstreue."

Der alte Herr schüttelte ganz leicht den Kopf – dann lauschte er andächtig dem Gezwitscher der Vögel. Aber nach einer Weile verspürte er doch wieder den Wunsch, ein wenig zu plaudern. Er hüstelte und sagte: „Gönnen Sie sich doch mal eine kleine Pause, junger Freund, und genießen Sie ein wenig die herrliche Natur. Oder, um es anders zu sagen: Hat dein heimatliches Land keinen Reiz für deinen Sinn?"

„Schon, schon. Aber warum drücken Sie das so geschwollen aus?"

„Nun, das war gewissermaßen ein Zitat. La Traviata. Sie erinnern sich gewiß."

„Natürlich erinnere ich mich. Da hat doch diese kleine verknautschte Italienerin mitgespielt und dieser fetzige Enzenie Quinn."

„Den Film La Strada kenne ich zwar auch, aber ich meine eigentlich eine Oper von Verdi. Sie interessieren sich wohl nicht so für Musik?"

„Doch! Die Dreigroschenoper habe ich schon viermal gesehen. Aber für Beethoven und ähnliche Oldtimer habe ich nicht die richtige Antenne. Außerdem sagte ich ja schon, ich tendiere mehr zur Elektronik, und da muß man ein bißchen haushalten mit den Kräften und mit dem Kopf. Diese Sorgen haben Sie ja nicht mehr. Was waren Sie'n eigentlich vor der Rente?"

„Ich war Physikprofessor."

„Eh! Da staun ich aber!" – „Wieso?"

„Na, daß Sie da so abwegige Neigungen haben. Flimmernde Wiese, heimatliche Reize und so."

„Nun, ich glaube, das ist so abwegig nicht. Es gab weitaus größere Naturwissenschaftler mit musischen Ambitionen. Denken Sie nur mal an Einstein. Er spielte hervorragend Geige."

„Na schön. Aber dafür hat er wieder politische Macken gehabt."

„Und Lenin? Ich glaube, der kannte beispielsweise Renoir besser als Sie."

„Nun ists gut, Väterchen. Lenins Lebenslauf habe ich drauf. Mit diesem Renoir hat er sich nicht mal in der Verbannung getroffen!"

83

Das Weib
des alten Gauners

Wenn Herr Krausenickel am Sonntagmorgen noch in sanftem Schlummer liegt, schlägt seine liebe Frau zwei Topfdeckel zusammen und brüllt aus Leibeskräften: „Aufstehen, du alter Eierkopp!"

Da erhebt sich der alte Eierkopp, wäscht und rasiert sich, und sobald der Ruf ertönt: „Komm frühstücken, du Gauner!", setzt er sich an den gedeckten Kaffeetisch und reicht seiner lieben Frau aufmerksam Butter und Konfitüre.

„Danke, alter Schieber", sagt dann Frau Krausenickel zärtlich, gießt ihm duftenden Mokka ein und ruft laut: „Laß dirs schmecken, du Pfeife!"

Dann kauen beide eine Weile schweigend, bis die liebe Frau die Stille unterbricht mit dem schrillen Schrei: „Willst du noch eine Tasse, Knallkopp?"

Krausenickel will und bekommt noch einmal eingeschenkt. Anschließend räumen beide den Tisch ab, dann packt die liebe Frau die Reisetasche, drückt sie ihrem Mann in die Hand und brüllt: „Nun beeil dich aber, Triefnase, sonst verpaßt du noch deinen Zug, du Blödmann."

Dann küßt sie ihn innig, und Krausenickel eilt von dannen, froh und zufrieden, ein Weib zu haben, das ihm jedesmal auf so feinfühlige Weise einen nahtlosen Übergang verschafft von der Welt der Familie ins öffentliche Leben eines Schiedsrichters unserer gebildeten Sportnation.

Das große Rennen

„Halloo, halloo – meine Damen und Herren, verehrte Hörerinnen und Hörer! Hier meldet sich der Streckenreporter Hans-Baldrian Mörtel!
Ich stehe mit meinem Mikrophon direkt an der Haarnadelkurve in unmittelbarer Nähe der alten Bäckerei.
Ein zauberhaftes Bild bietet sich dem Reporterauge:

Schneeverhangen die Tannen,
brechend unter der Wucht.
Nebel spinnen und spannen
sich um Pfade und Schlucht!

So oder auch ähnlich möchte man mit Dichterworten sprechen. Aber es bleibt keine Zeit zur Romantik, denn soeben vernehme ich aus dem Kopfhörer, daß das Rennen gestartet wurde, daß die harten Jungs auf ihren schweren Maschinen auf die Reise gegangen sind, und es kann sich nur um Sekunden handeln, dann werden sie hier in der Haarnadelkurve auftauchen, mit Heldenmut die schräge Wand angehen und mit atemberaubendem Furioso an der alten Bäckerei vorbei hinunterschießen, hinein in die Beethovenstraße und der Endstation der Sehnsucht, dem Ziel, entgegendonnern.
Und da taucht bereits der Spitzenreiter auf! Es ist, fast hätte ich es geahnt, Atze Schrupper, ein alter Haudegen und Routinier auf dieser Strecke.
Phantastisch, wie er den schweren, schalldämpferlosen Koffer im Griff hat, dem Motor aus der großzügig eingestellten Einspritzpumpe vollen Saft gibt

und selbst in der halsbrecherischen Kurve voll auf die Klötzer tritt.
Schon ist er vorbei! Dahin, dahin – und schon schießt in geschlossener Front das Hauptfeld heran, die tollkühnen Männer in ihren fliegenden Kisten. Es ist fast unmöglich, einzelne Fahrer auszumachen! Doch ich entdecke Manne Rumpel, den Stier von Lichtenberg! Und dort Kutte Wumbach, den Mann mit dem eisernen Bein – und da kommt auch der kleine Puppi Rückstoß, der drahtigste und dennoch brutalste Fahrer im ganzen Pulk. Hehehe! Er winkt sogar zu uns herüber. Mit einem eleganten Damenhut in der Hand. Offenbar hat sich eine penetrante Fußgängerin zu dicht an die Rennstrecke gewagt, und Puppi Rückstoß hat ihr kurzerhand den Filz vom Kopf gefetzt. Ein Tausendsassa, dieser Bursche! Doch was sehe ich denn da? Madonna mia – Manne Rumpel, der Stier von Lichtenberg, hat offensichtlich die Kurve nicht genau gekriegt und ist mitten durch die alte Bäckerei hindurchgeschossen. Hunderte frischer Schrippen, Brote und Pfannkuchen kullern auf die Straße. Doch der Verkauf geht im Freien weiter!
Und damit gebe ich ab zum Ziel und rufe Waldifritz Feldafink!"

„Ja, hier ist das Ziel an der Schuttkippe!
Leider, leider, meine Damen und Herren, hat unser Hans-Baldrian Mörtel das Mikrophon mal wieder zu spät aus der Hand gelegt, so daß ich nur noch sagen kann: Die Fahrer, die diesmal annähernd Schallgeschwindigkeit fuhren, sind lange hier. Das Rennen ist gelaufen. Erwartungsgemäß siegte Atze Schrupper, der alte Haudegen, und auf die Plätze kamen Puppi Rückstoß und Kutte Wumbach. Manne Rumpel, der Stier von Lichtenberg, kam leider als Letzter an. Sein Fahrzeug war stark beschädigt. Er hatte versucht, den Weg abzukürzen, war durch einen Brückenbogen gefahren und dabei dem fahrplanmäßigen D-Zug Rostock–Berlin begegnet.
Und hier haben wir unseren Sieger, Atze Schrupper, zu einem kleinen Kurzinterview am Mikrophon.
Atze Schrupper, wie fühlen Sie sich?"
„Jut, wie immer, wa!"
„Gab es für Sie einen besonderen Höhepunkt während der Fahrt?"
„Wie mans nimmt, wa. Mir hamse 'n Strafzettel verpaßt."
„Wieso das?"
„Ick hab aus Versehn ne Straßenbahn mitjenommen und an die Haltestelle nich anjehalten. Aber die Strafe juckt mir nich. Die zahl ick spielend von die Spurtprämie."
„Vielen Dank, Atze Schrupper. Und damit, verehrte Hörerinnen und Hörer, beenden wir unsere Reportage von einem ganz gewöhnlichen Arbeitstag der Kipperfahrer des Tiefbaukombinats!"

LILOMAUS

Du schmollst mit mir.
Das hat nur einen Grund:
Ich sagte Dir, Dein Ölverbrauch
ist langsam ungesund.

Knapp drei Tage sind wir hier,
und – ich bin schockiert –
drei Kanister hast Du schon
in den Leib massiert.

Ich kaufe die Bestände auf
von Usedom bis Poel,
doch statt auf Liebe stoße ich
bei Dir nur noch auf Öl.

Ich hab zum Baden keine Zeit.
Ich bin nur unterwegs.
Mir geht Dein Sonnenbräunekult
ganz sachte auf den Keks.

Doch wenn Du mich des Nachts verhöhnst,
von wegen: etwas schlapp;
dann sagte ich: Du irrst, mein Schatz –
ich rutsche einfach ab.
    Kannste glauben!

87

Altes Märchen – neu erzählt
Der Wolf und die sieben Geißlein

Olle Ziege läßt Kinder ohne Aufsicht. Getarnter Klassenfeind erschleicht sich Vertrauen mit Mehl und Kreide. Geißlein im Vorschulalter versteckt sich im Uhrkasten und rettet dadurch die ganze Familie.

Moral: Mit einer modernen, flachen Wanduhr wäre die ganze Sache in die Hosen gegangen. Hoch die Nostalgie!

Vorschlag

Man sollte ab und zu im Radio ein Band mit Vogelstimmen abspielen, damit die Kofferradio-Fans beim Spazierengehen mal ein echtes Naturerlebnis haben.

Limerick

Es war mal ein Mädchen aus Riesa,
so schön, wie man keines noch nie sah.
Aber sprach sie ein Wort,
dann lief jeder gleich fort.
Denn sie sprach
wie die Zeitung, nur miesa.
Denn sie sprach
wie die Zeitung, nur miesa.

„In unserer Schule raucht bloß noch der Sportlehrer!"
Mäxchen Pfiffig
(Klasse 5b)

Variante

Wenn man für das Geld, das innerhalb einiger Jahre für Zigaretten ausgegeben wird, Sanatorien bauen würde, hingen an den Sanatorien bald Schilder mit der Aufschrift: „Suchen Patienten aus der rauchenden Bevölkerung, auch stundenweise."

„Muldischbegdrahl muß gar ni sein, Bärtel. Endscheidend ist dr Muhd!"

Trudchens Klage

Er hieß Lutz und war Jockei und wog 80 Pfund.
Er war drahtig und sehnig und rundrum gesund.
Und ich könnt auf ihn setzen, so sprach er.
Doch das Herz meiner Freundin, das brach er.
Und sie ließen sich trauen behördlich.
Ich nehme halt alles zu wörtlich.
Ich nehme halt alles zu wörtlich.

Dann kam Fred, der war groß
und war Stahlbaumonteur,
und er fuhr auf Montage durchs Land
kreuz und quer.
Und er sagte ganz leise: „Mensch, Kleine,
für mich gibt es wirklich nur eine."
Das meinte er leider stets örtlich.
Ich nehme halt alles zu wörtlich.
Ich nehme halt alles zu wörtlich.

Zur Zeit hab ich Hugo, der hat etwas Bauch
und ist Kontrolleur für den Starkstromverbrauch.
Er predigt tagtäglich, ob spät oder früh:
„Die wichtigste Losung heißt: Spart Energie!"
Doch gestern im Bett sprach er zärtlich:
„Du nimmst wirklich alles zu wörtlich!"

Danachbetrachtung

LILOMAUS

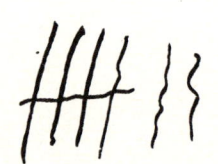

Jetzt stehst du unten, Dicker, fieberst nach dem Bus.
Dein D-Zug fährt genau in zehn Minuten.
Du hörst ja nicht. Schon vor dem Abschiedskuß
sprach ich zu dir besorgt: Du mußt dich sputen.

Du meintest, wenn du rennst, kämst du zurecht.
Ich wußte, daraus wird wohl nicht viel werden.
Nach solchen Nächten sprintet jeder schlecht,
selbst Weltrekordler hätten Startbeschwerden.

Dein Zug, mein Schatz, ist weg. Ach, pfeif doch drauf!
Du wirst den Schnellverkehr um zehn Uhr zehn
benutzen.
Und iß die Stullen, die ich machte, bitte auf!
Sonst könnte deine Frau heut abend stutzen.

man lobt dich in der Zeitung,
denn dein Wort zum Thema Effektivität
ist so wahr und klug, daß nicht allein die Leitung,
sondern jeder in Begeisterung gerät.

Nun, das freut mich, denn ich weiß, du meinst
es ehrlich.
Dein Appell gilt nicht nur andern, nein, auch dir.
Doch was mich betrifft, ich glaube, sehr beschwerlich
wird dein Wunsch nach Effektivität bei mir.

Sieben Kinder, meinst du, wollen wir uns schenken.
Die Verhältnisse sind gut, ich bin bereit.
Doch das schöne Tun auf eine Nacht beschränken,
geht der Natur, mein Schatz, genau sechsmal zu weit.

Mir dreimal.

POESIE
des Alltags

Abkürzungen sind Mist!

„Guten Tag, Herr Balzer! Na, wie gehts? – Ich habe gehört, Sie haben im Tele-Lotto gewonnen?"

„Jaja, Herr Schnalzer. Aber nur ne mittlere Quote. Doch für'n paar Anschaffungen hats gereicht. Meine Frau kaufte sich die WL 32 – das ist die verbesserte RM 702, außerdem noch als Zusatzgerät die kleine P3x, mein Sohn erhielt seinen heißersehnten KT 66 mit eingebauter BFC 1–0, ich selbst habe mir diesen herrlichen BVB 407 mit Stereo gekauft – ein Riesenvieh, sage ich Ihnen –, und außerdem haben wir uns noch, für die ganze Familie gewissermaßen, die mittelschwere W-W-3 angeschafft."

„Donnerwetter! Da staune ich aber! Wo bringen Sie denn das alles unter? Soviel Platz haben Sie ja in Ihrer P-2 gar nicht!"

„Wem sagen Sie das, Herr Schnalzer! Ich möchte ja auch gern in eine Q-P-99 tauschen. Aber für so einen großen Wohnungstyp komme ich ja personenzahlmäßig gar nicht in Frage. Ja, wenn unsre Oma noch lebte, sähe die Sache anders aus. – Na, vielleicht klappts nächstes Jahr. – So, nun muß ich aber gehen. Meine Frau wartet mit dem Essen."

„Was gibts denn?"

„SML."

„SML?"

„Na ja, Sülze mit Leinöl! Als Essen ein alter Hut, aber als Abkürzung EDV – ein duftes Futter!"

Die Leiden des jungen W.

(W wie Weihnachtsbaum)

Ich bin eins zweiunddreißig.
Für eine Fichte nicht gerade Gardemaß, aber für einen Weihnachtsbaum durchaus noch eine handelsübliche Größe. Allerdings leichte Haltungsschäden und etwas mager. Jedoch eine entfernte Bekannte von mir, die war regelrecht verwachsen und ist trotzdem als schmückendes Element eines Fernbahnsteigs groß rausgekommen. Ich hatte also Hoffnungen und sang bereits seit Wochen Abend für Abend das alte Lied „Vorfreude, schönste Freude".
Eines Morgens kamen zwei mürrische Männer mit einer noch mürrischeren Axt. „Sauwetter", sagte der eine. „Und lauter Krepelzeug", knurrte der andere. „Die Stückzahl muß rauskommen", antwortete der erste. Ich bekam einen ungeheuren Schlag vors Schienbein und ging zu Boden.
Der Hänger, auf dem ich zu mir kam, mußte von einer LPG sein. Dem Geruch nach. Mir wars Wurscht. Ich träumte von einer gemütlichen Stube, von Pfefferkuchenduft und sang leicht erregt das alte Lied „O Tannenbaum!"

Der Weihnachtsbaumverkauf fand an einer verdammt zugigen Straßenecke statt. Den Verkäufer hatte man aus der nichtarbeitenden Bevölkerung abgeworben. Wahrscheinlich mit Gewalt. Aber manchmal war er auch freundlich. Nämlich, wenn er nicht rausgeben konnte.
Für mich kamen harte Tage. Ich wurde gezerrt, gestaucht, getreten, weggeworfen, wieder hochgerissen, gebogen, gedreht und zweimal sogar angespuckt. Mehrmals nadelte ich vor Angst und Scham unter mich. Aber nachts, wenn alles ruhig war, faßte ich wieder Mut und sang das alte Lied „O du fröhliche".
Der mich nahm, hatte eine Betriebsweihnachtsfeier hinter sich und den Empfang zu Hause vor sich. Deshalb fackelte er nicht lange, zahlte doppelt und treidelte mit mir von dannen.
„Jedes Jahr dasselbe", sagte seine Frau. Mehr Zeit war nicht, denn aus den Nachbarhäusern tönte schon Gesang.
Dann erstrahlte ich im Licht der Kerzen und im matten Glanz mehrfach getragener Kugeln. Die Kinder und die Oma wurden hereingelassen. Die alte Dame sang zitternd „Stille Nacht". Alle drei Strophen. Die Kinder stürzten sich auf den zentnerschweren Geschenkesack. Der kleine Meik warf den nahezu lebensgroßen Raupenschlepper an und rief: „Der Boom steht im Wege!"
„Der Baum bleibt stehen", sagte die Mutter. Der Vater hielt zum Sohn. Die Oma zur Mutter. Ramonachen bekam Angst und heulte. Ich hielt mich raus und sang leise das alte Lied „In den Herzen ists warm, still schweigt Kummer und Harm".

Am zweiten Feiertag kam Onkel Robert. Er sah mich an, lachte sich scheckig und schrie: „Mensch, Otto, geklaut haste den bestimmt nich!" Das genügte Otto. In der Nacht darauf flog ich aus dem Fenster. Da lag ich nun auf der Grünfläche und sang voll Wehmut das alte Lied „Und ein Reh tritt aus dem Wald heraus". Aber es war nur ein Schäferhund. Er hob das Bein. Gegen mich. Einen Liegenden – einen Weihnachtsbaum.

Das ist das Ende. Mir soll keiner mehr was erzählen vom Fest der Liebe. Wenn ich wieder mal zur Welt komme, werde ich Buche und gehe in die Hotelbranche als Bettgestell. Da ist bestimmt mehr Stimmung. Und das nicht nur zur Weihnachtszeit!

Volle Pulle

Keine UFO's, sondern Tempo-Linsen!

Lieblich war die Maiennacht,
Karl und Anna flogen
auf der Jawa über Land,
denn die Ostseewogen
zogen beide mächtig an,
wirkten fast magnetisch.
Karle gab dem Motor Saft.
Anna rief pathetisch:
„Vor dem ersten Sonnenstrahl
tauch ich in die Fluten!"
Karle schrie: „Verflucht noch mal,
dann muß ick mir ja sputen!"
Der Motor heult, der Auspuff dröhnt!
Ein winzig kleiner Hase
hat fast unhörbar aufgestöhnt
und lag zerfetzt im Grase.
Beim ersten, fahlen Morgenlicht,
da fraßen ihn die Raben.
Den Karl mit Anna gottlob nicht,
denn die hat man begraben.

LILOMAUS

ich will dir mal was sagen:
Unsre Zeit ist frischer Wind, und zwar nach vorn.
Schwere Axt am Baum braucht Kraft
und satten Magen,
unser Strom trägt unsre Schiffe ohne Zorn.

Morgenrot bringt Licht und auch die Zeitung.
Regen mischt sich mit der Stirne Schweiß.
He, du Typ, verfatz dich aus der Leitung!
Hier wächst Korn, und weiter weg,
da wächst der Reis.

Bremse los und Saft in die Lamellen!
Steifes Ohr und wilde Liebe unterm Hemd.
Hunde, die nicht beißen, müssen bellen.
Rotes Haar ist eben rot, auch ungekämmt.

Lilomäuschen, fang nicht an zu schmollen!
Das ist doch kein Brief, das ist ein Lied!
Bin gesund und rede deshalb nur verquollen,
weil ich Texte mache für modernen Beat:
Uauh!

Gruß und Kuß an dich und alle Fans im Staat
von deinem Schnacki und der Gruppe Appa-Rad!

Namensgebung

Hällo, Mjusikfäns. Hier spricht der Sachverständige für Jazz, Beat und alles, was losgeht.

Ich hab mir mal so Gedanken gemacht über die Namen unserer Kapellen, Bands und Combos und so weiter. Und da habe ich festgestellt: Alles, was irgendwie fetzt, ist ja schon vergeben. Von Aflstars über Stromers, Stampers, Skiffel-Schiffel-Schnuffel-Band bis hin zu Pappa Bummis Bierbänd.

Wie also sollen sich neue, aus dem Boden schießende Klangkörper nennen?

Da ist guter Rat teuer, wie?

Oh, nein, Leute. Ich habe da so einige Vorschläge!

Zum Beispiel wäre es doch passend, würde sich die Tanzkapelle der Großhandelsgesellschaft Obst, Gemüse, Speisekartoffeln „Schikoree-Combo" nennen! Für eine Singegruppe vom VEB Minol wäre „Mischa-Ölig-Chor" geeignet. Eine Beatgruppe junger Kipperfahrer vom VEB Tiefbau könnte „Middle of the road" heißen. Gattinnen alternder Preisträger könnten sich zum „Erbe-Chor" zusammenschließen. Und für das Ensemble Herbert Roth würde ich vorschlagen: „The hearts of Suhl".

...darum frage ich Sie heute, sind Sie bereit, fürderhin den Namen Neiting älflipper zu tragen, dann antworten Sie mit Ja...

Fotos:
Klaus Behrens (71), Klaus Ender (23, 33), Eberhard Garbe (80),
Michael Helbig (53), Günter Laugisch (14), Reiner Riedel (62),
Siegfried Steinach (8), Petra Wilaschek (8), Klaus Winkler (19),
Klaus Zwingenberger (88)

ISBN 3-359-00165-6

6. Auflage
© Eulenspiegel Verlag, Berlin · 1990 (1979)
Buchgestaltung: Jens Prockat
Zeichnungen: Manfred Bofinger
Printed in the German Democratic Republic
Druck: Union Druckerei Berlin
Buchbinderische Verarbeitung:
INTERDRUCK Graphischer Großbetrieb
Leipzig – III/18/97
620 506 0
00730

6   7   8   9

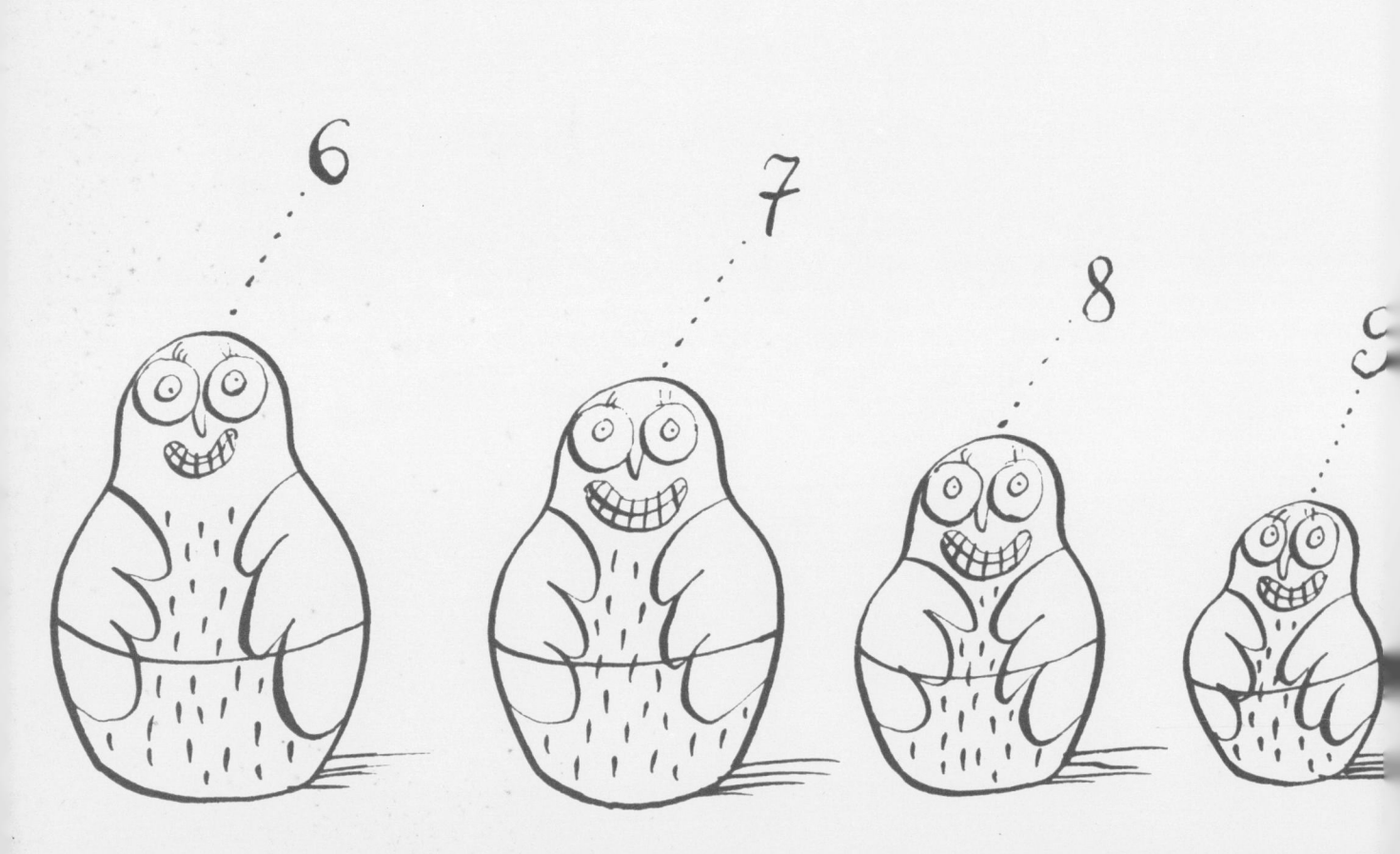